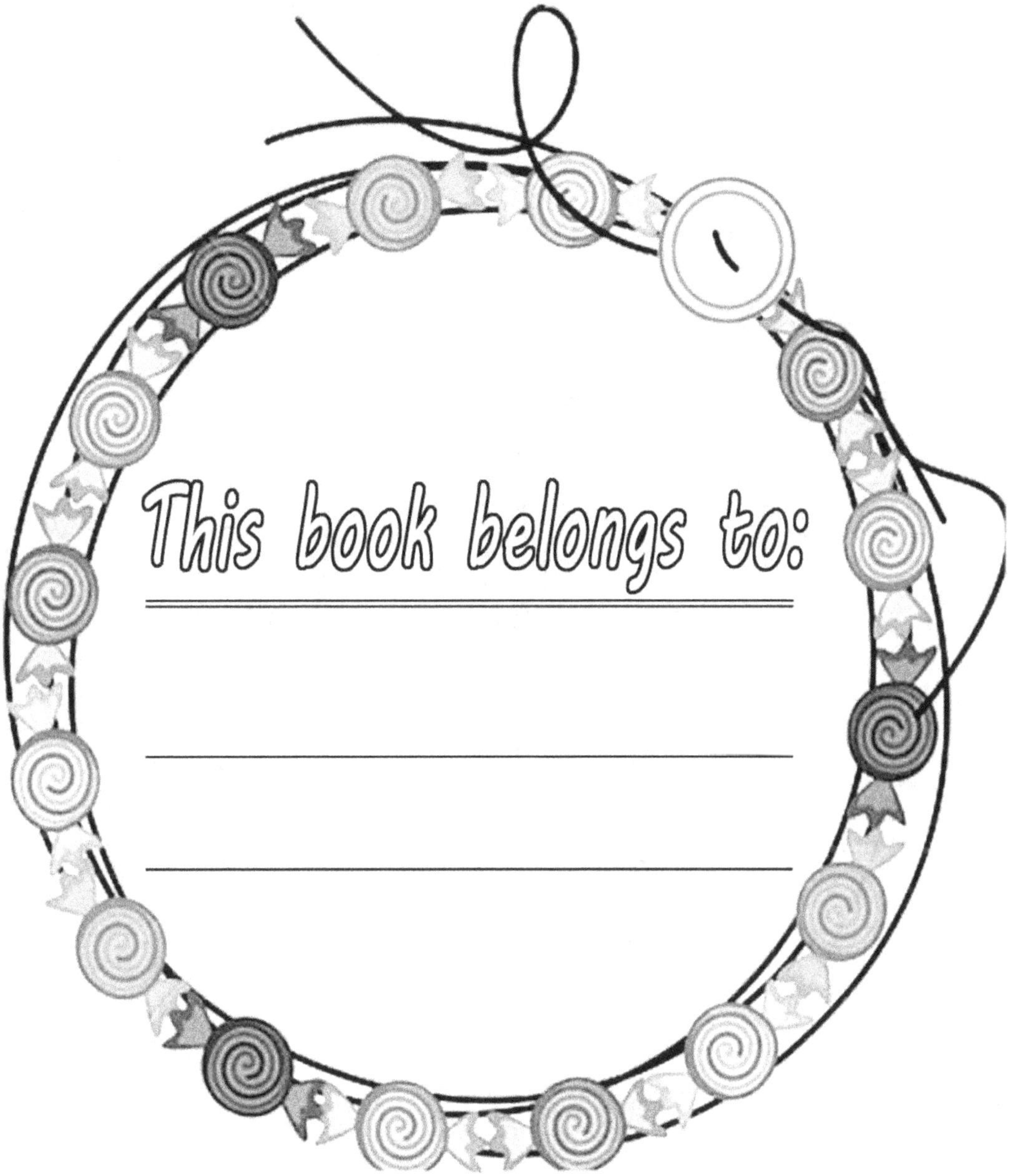
This book belongs to:

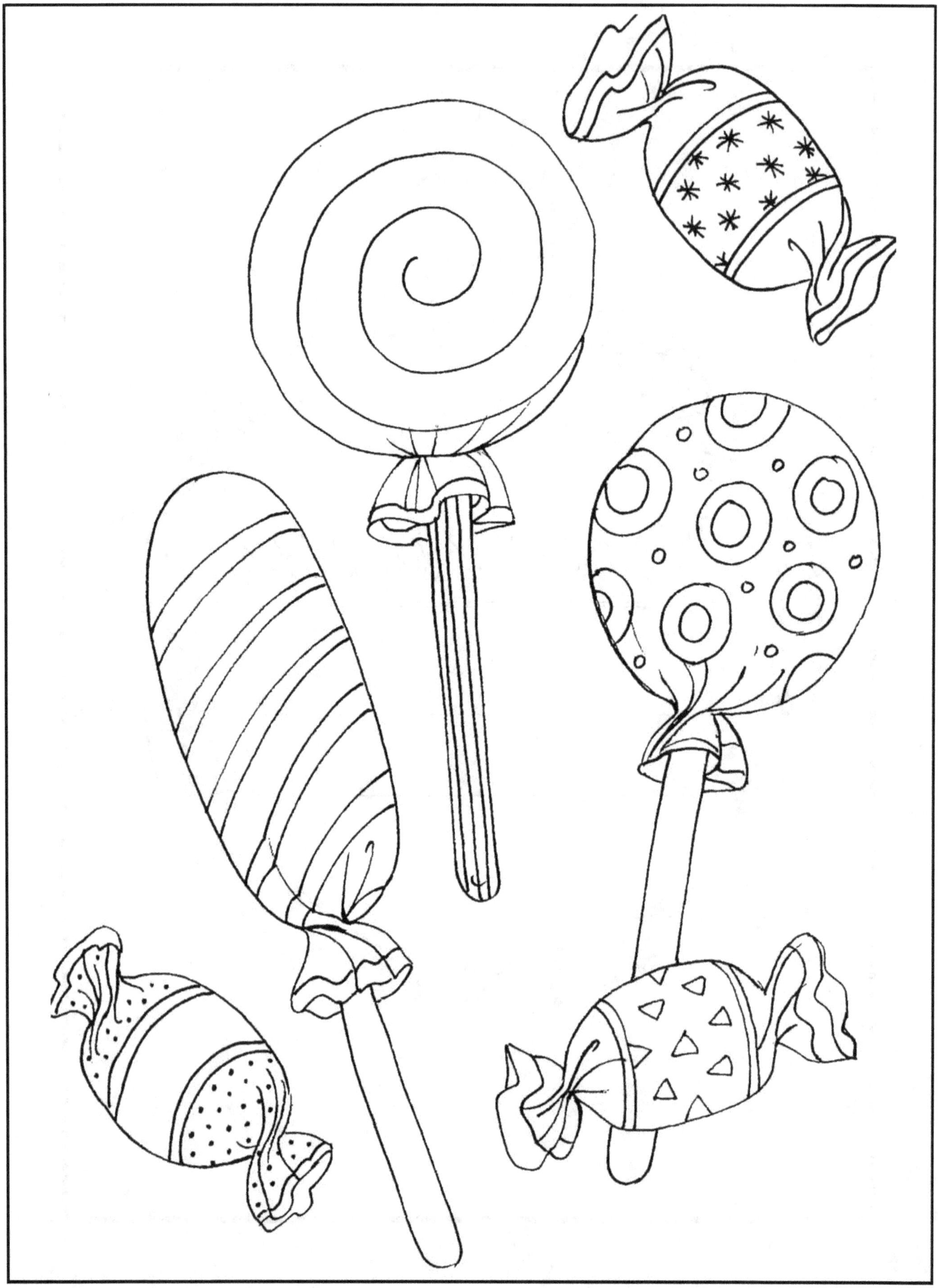

Test Your Color

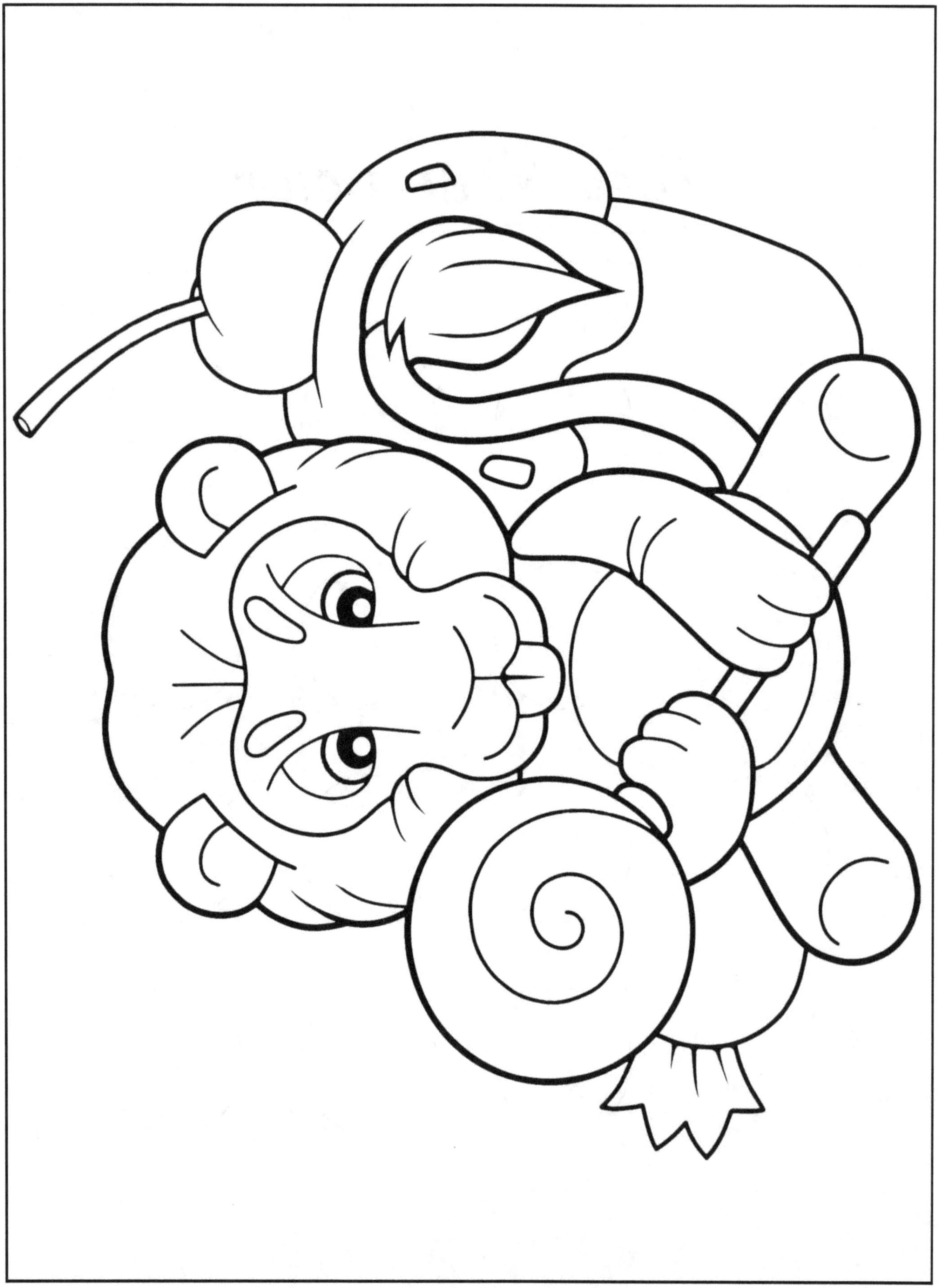

Test Your Color

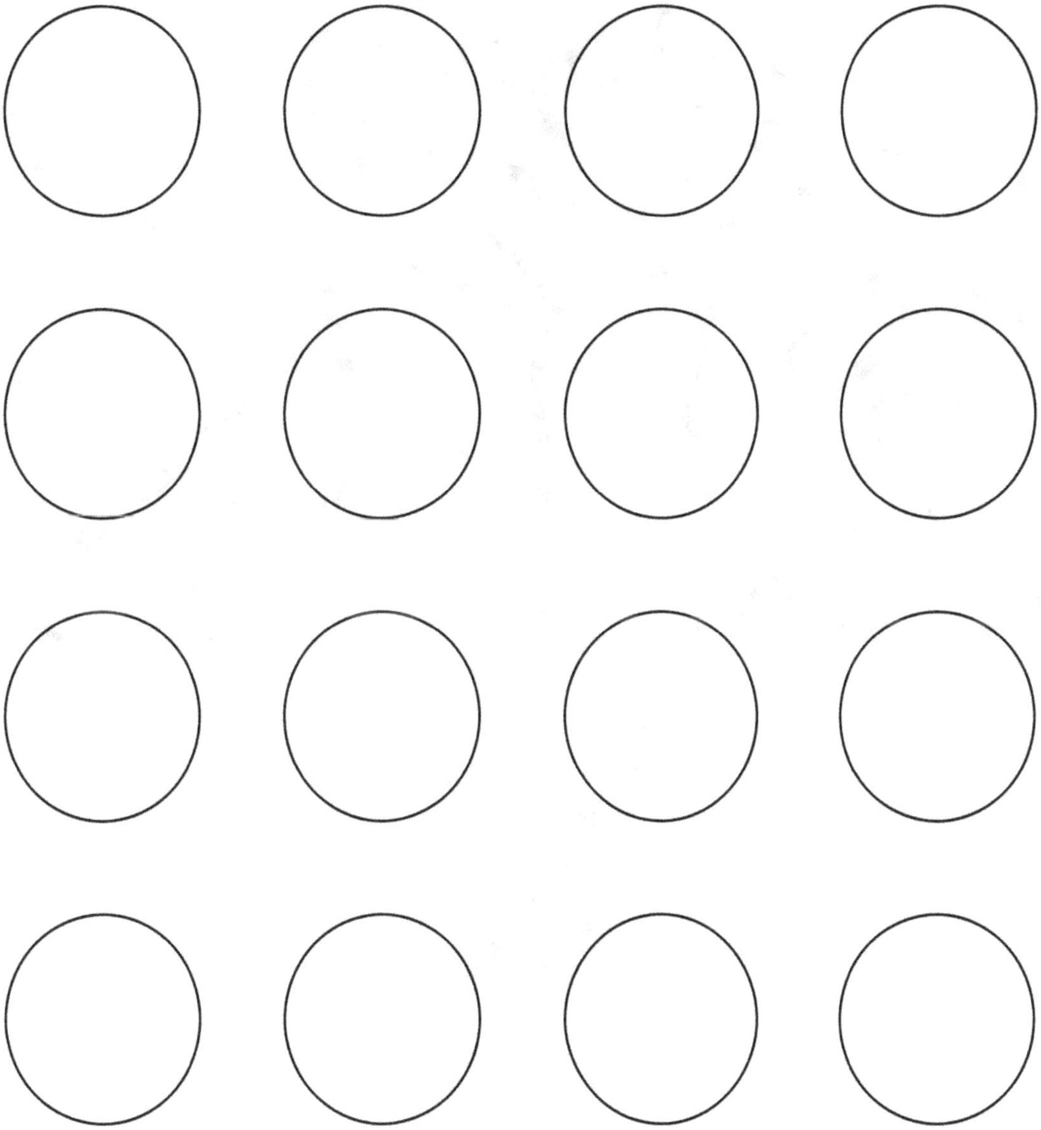

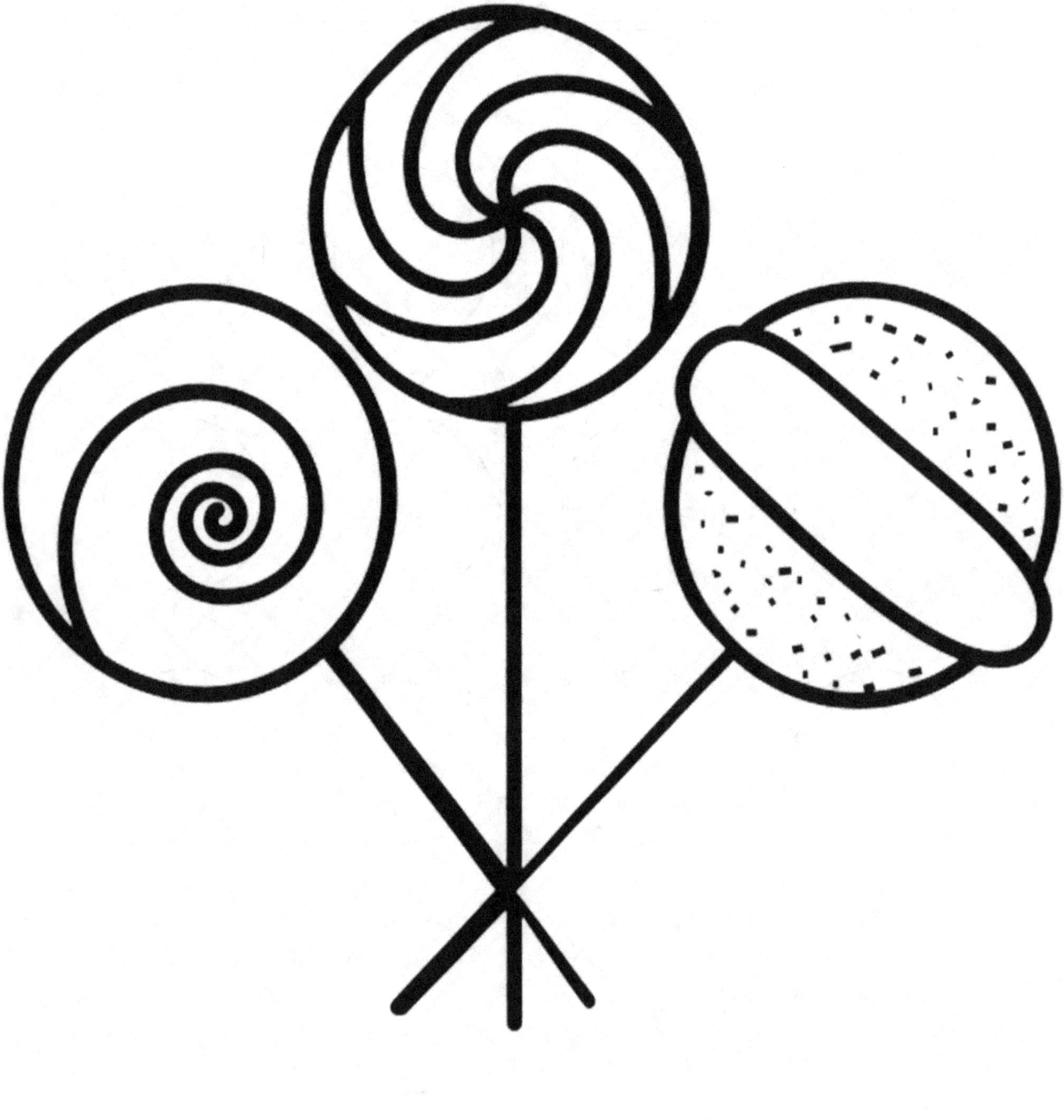

Test Your Color

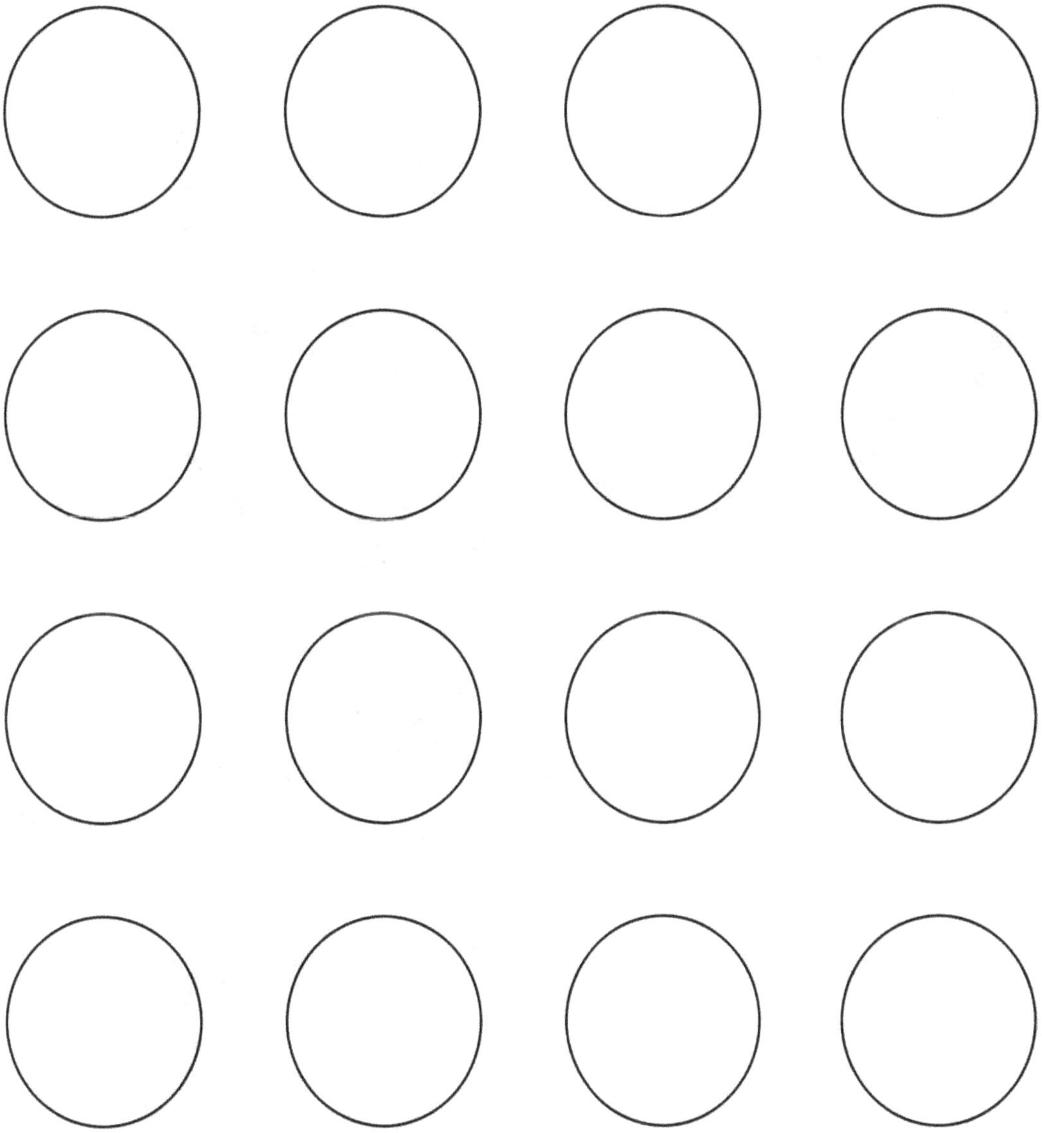

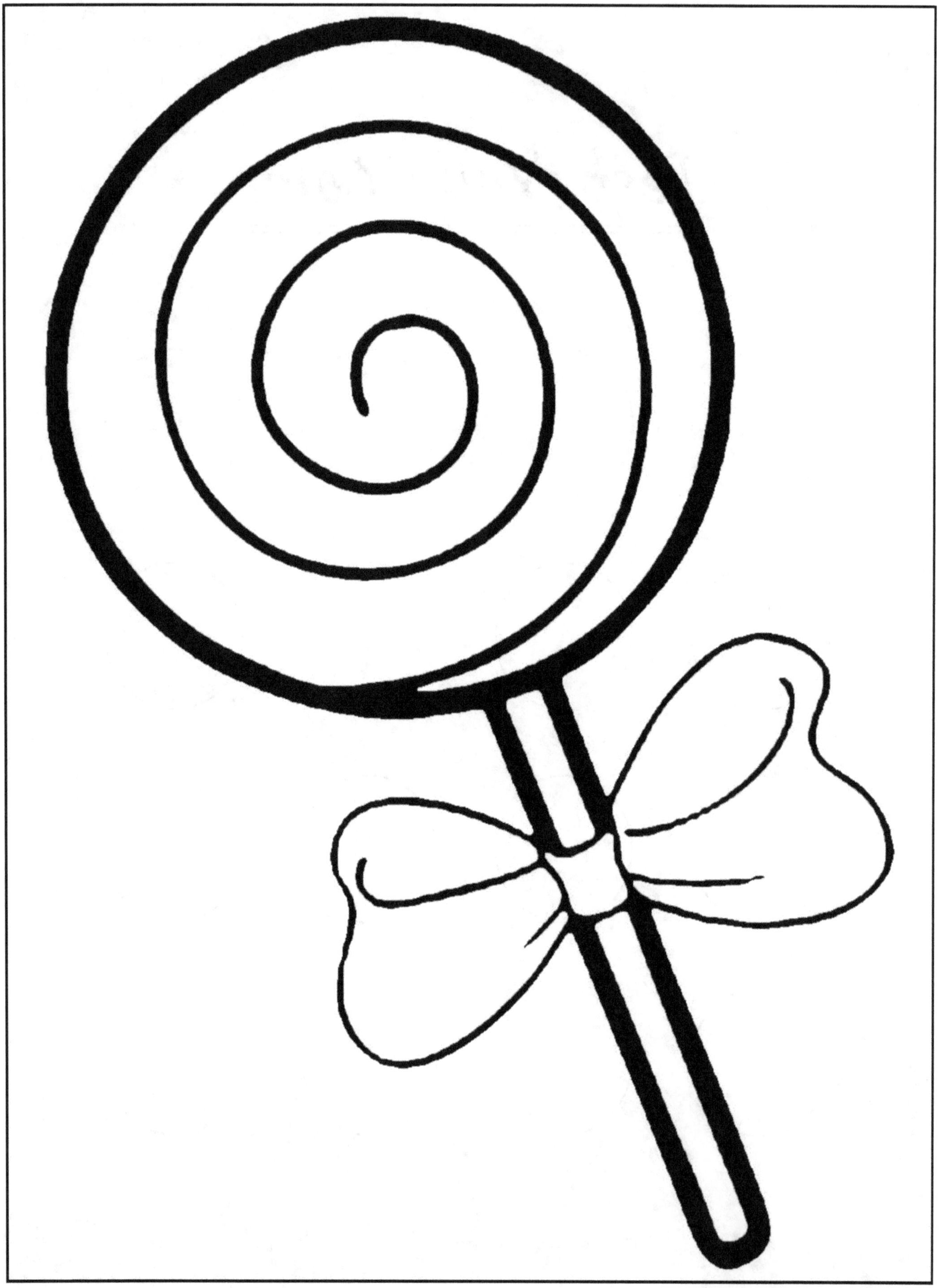

Test Your Color

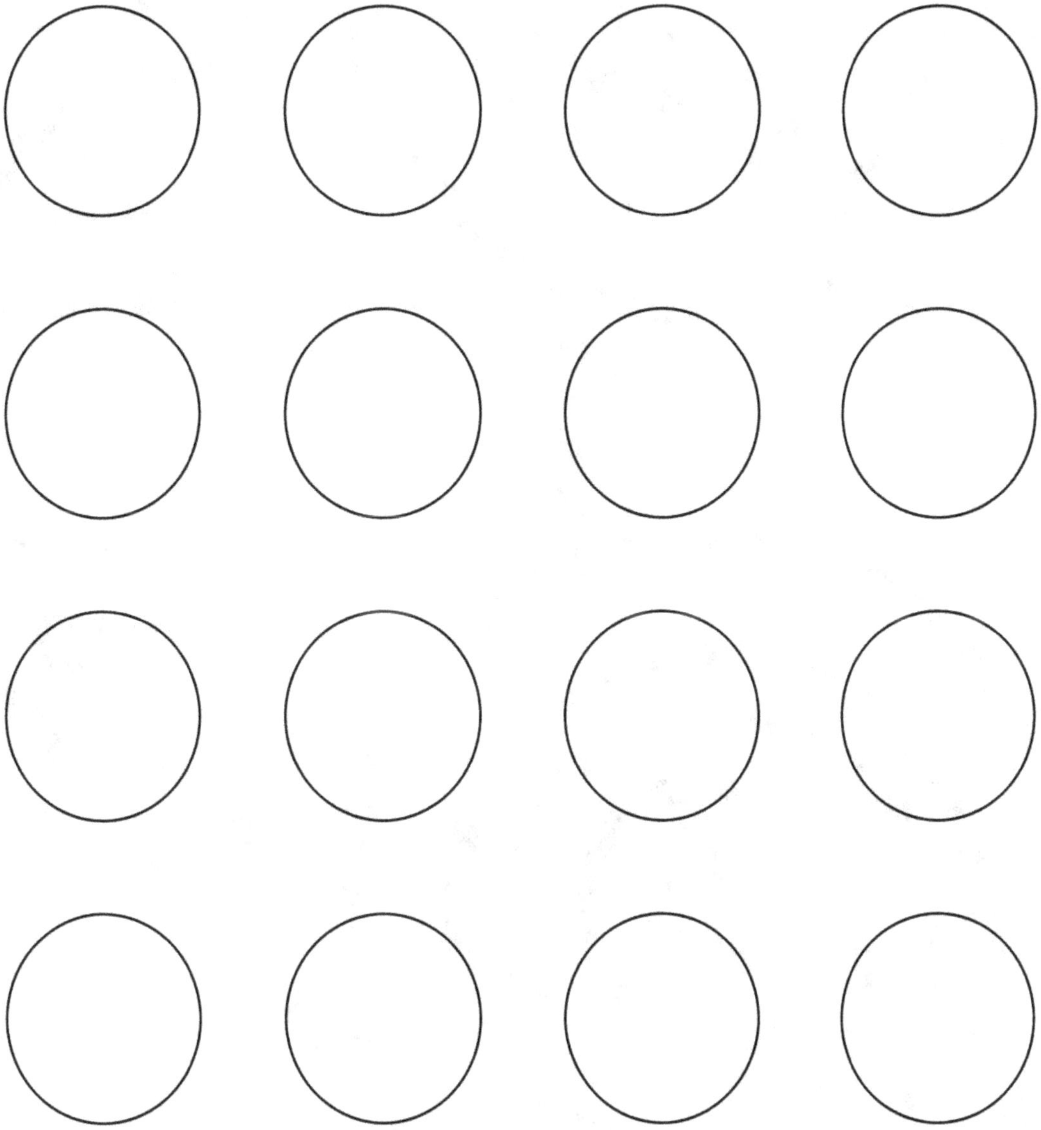

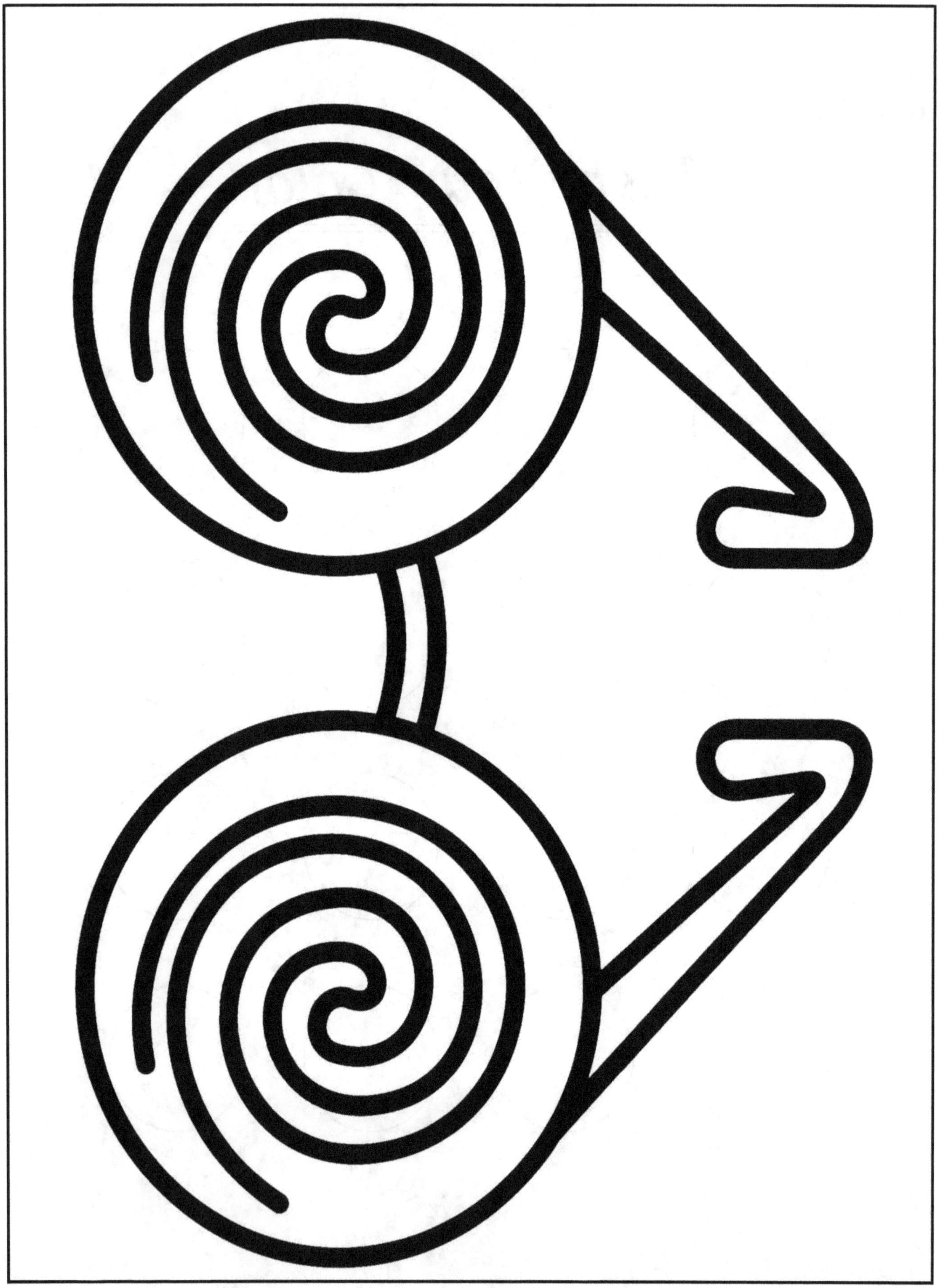

Test Your Color

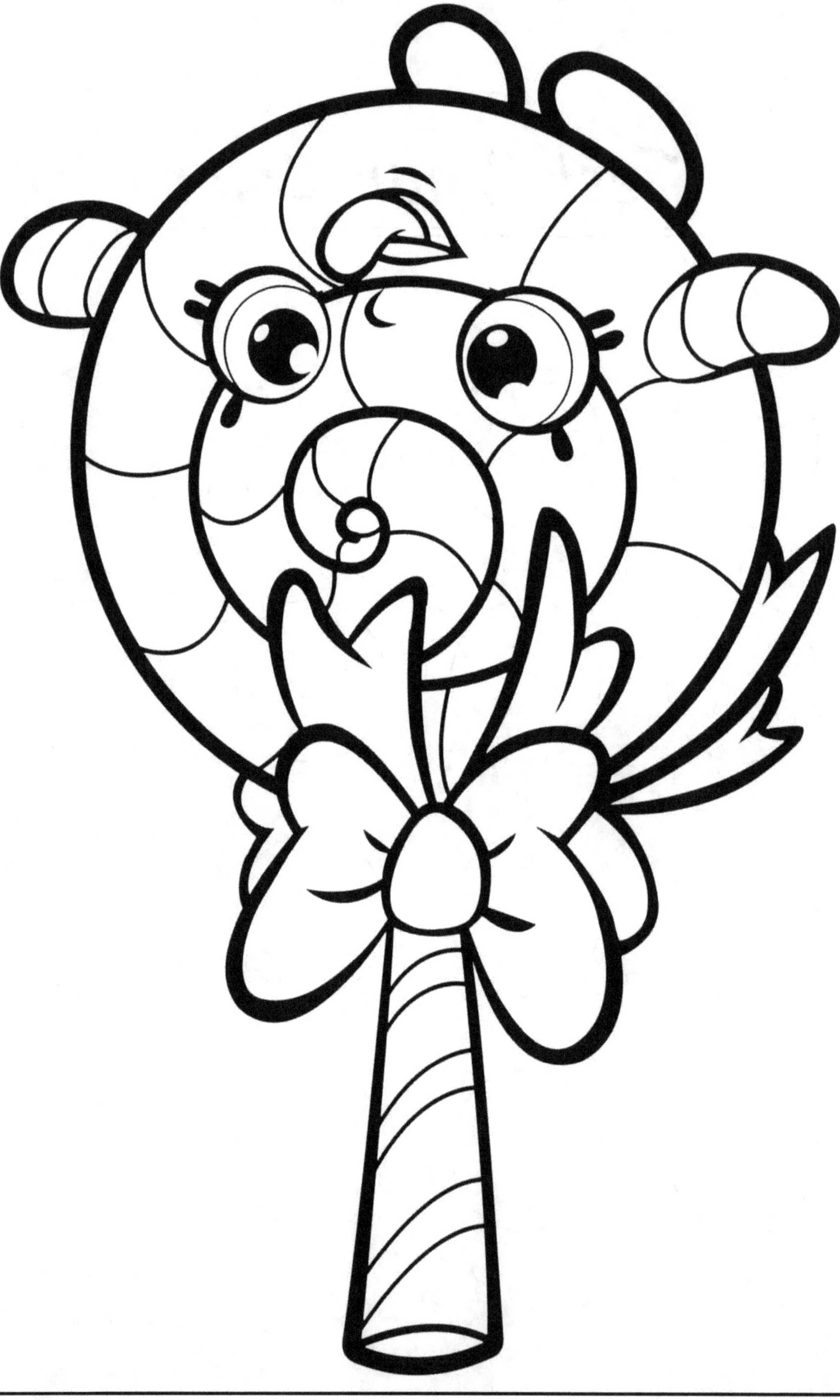

Test Your Color

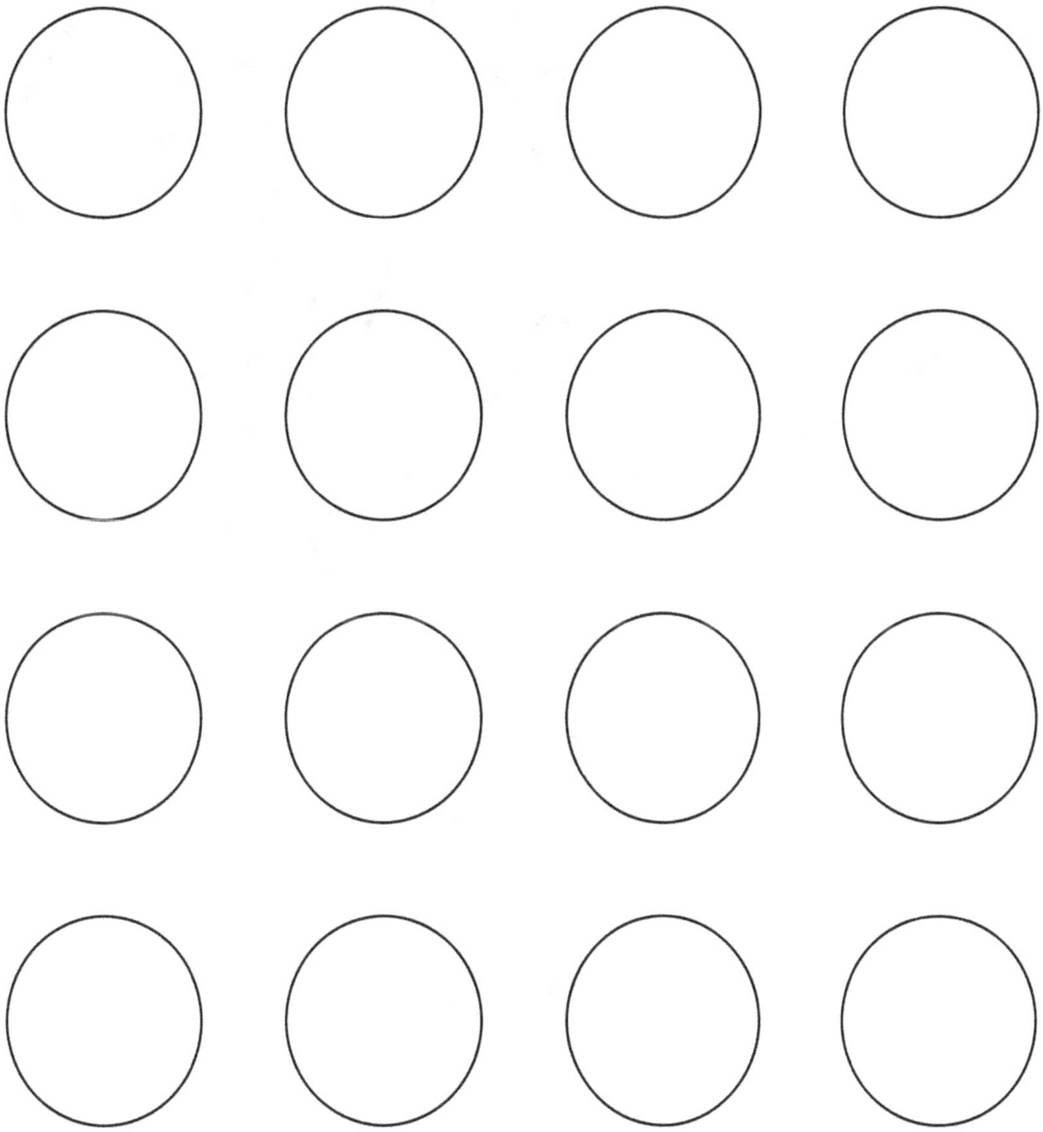

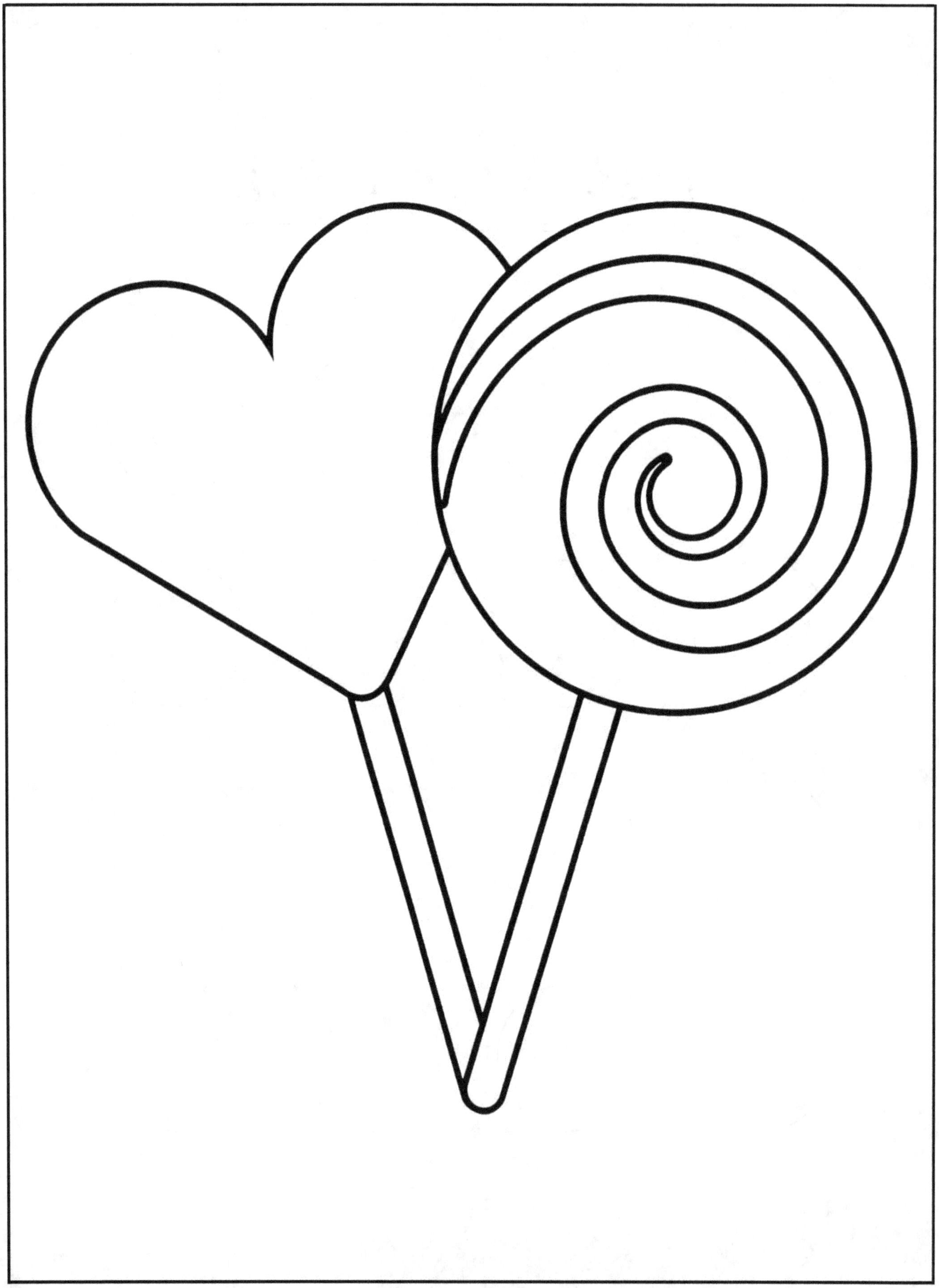

Test Your Color

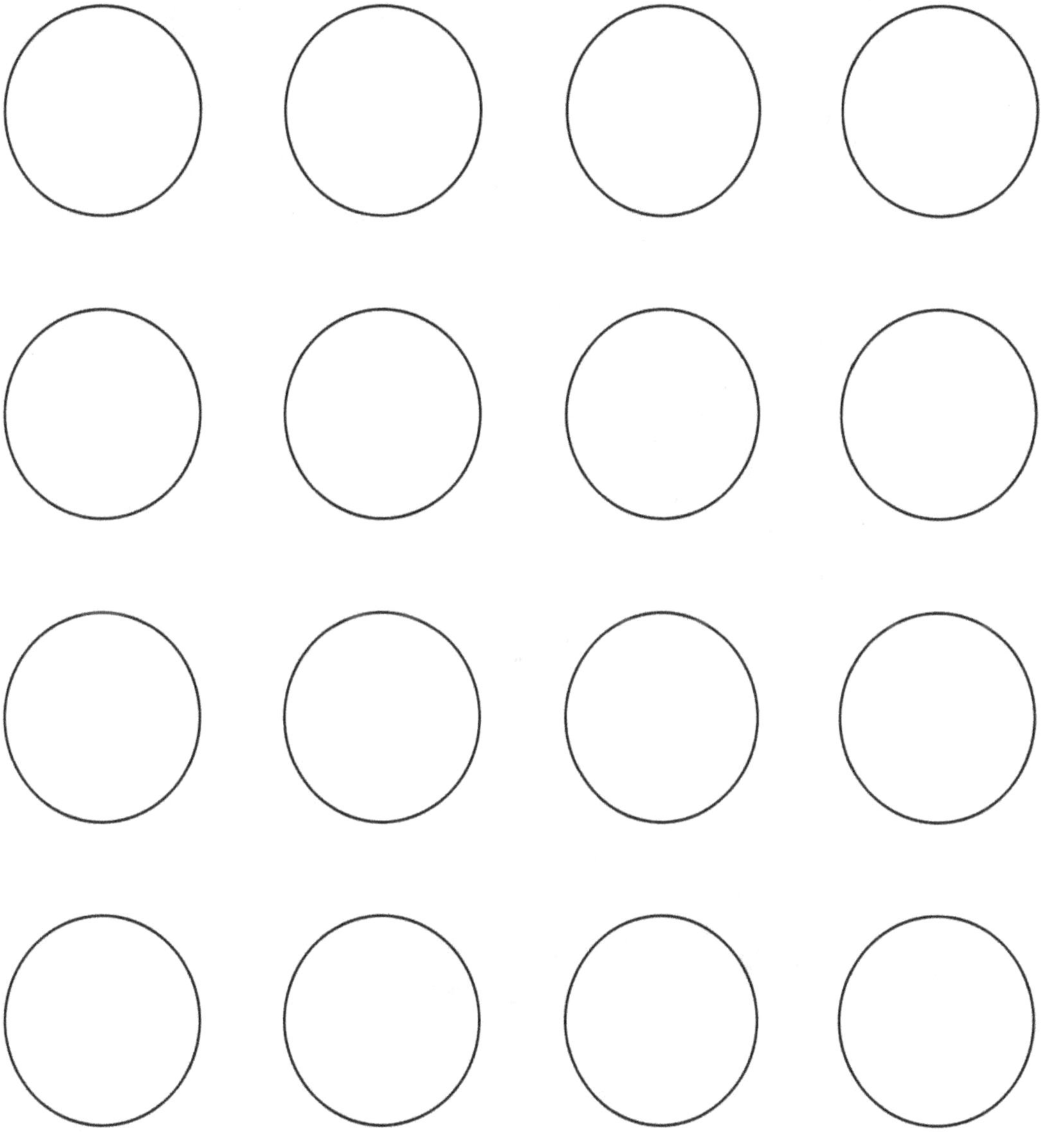

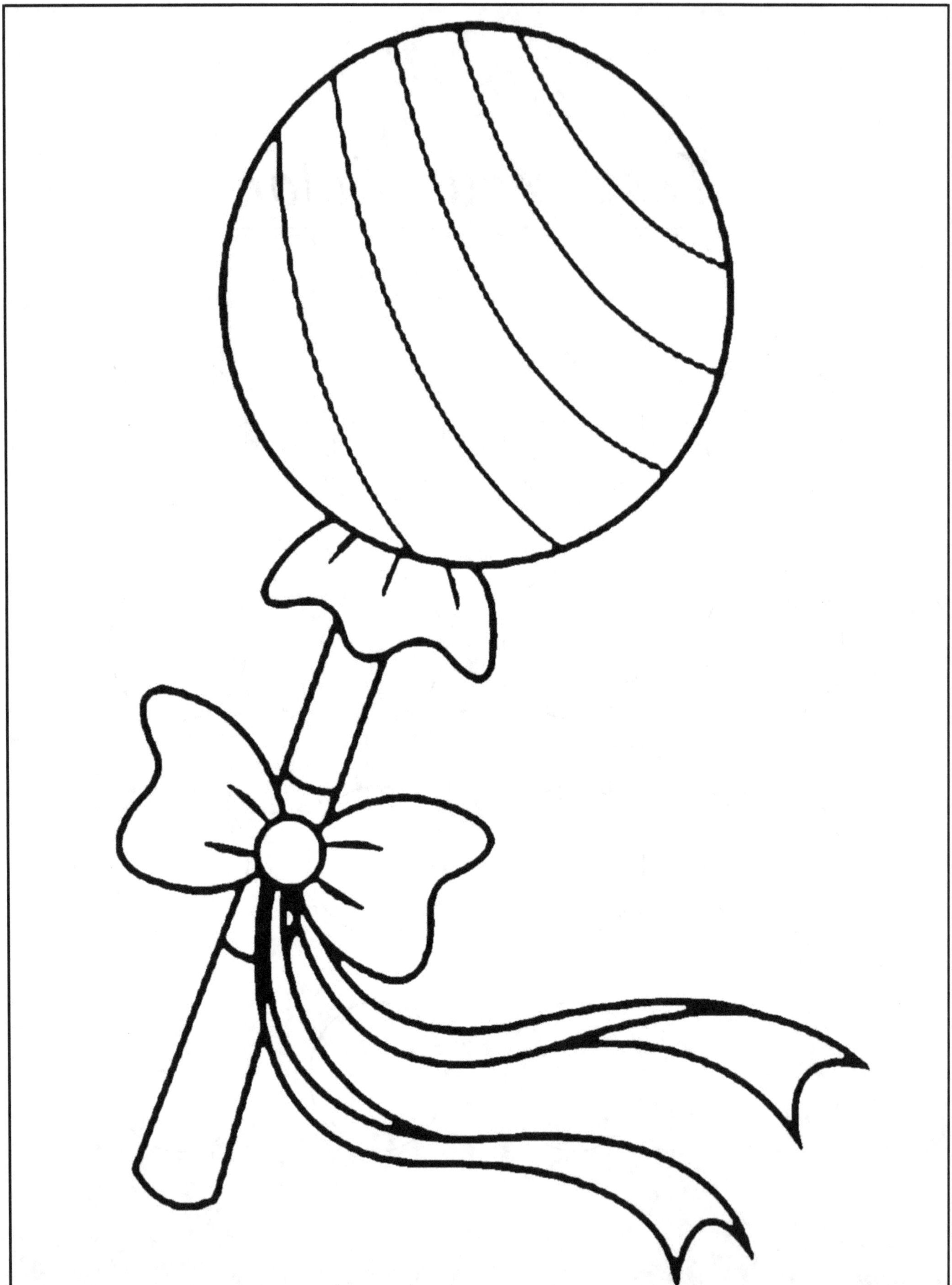

Test Your Color

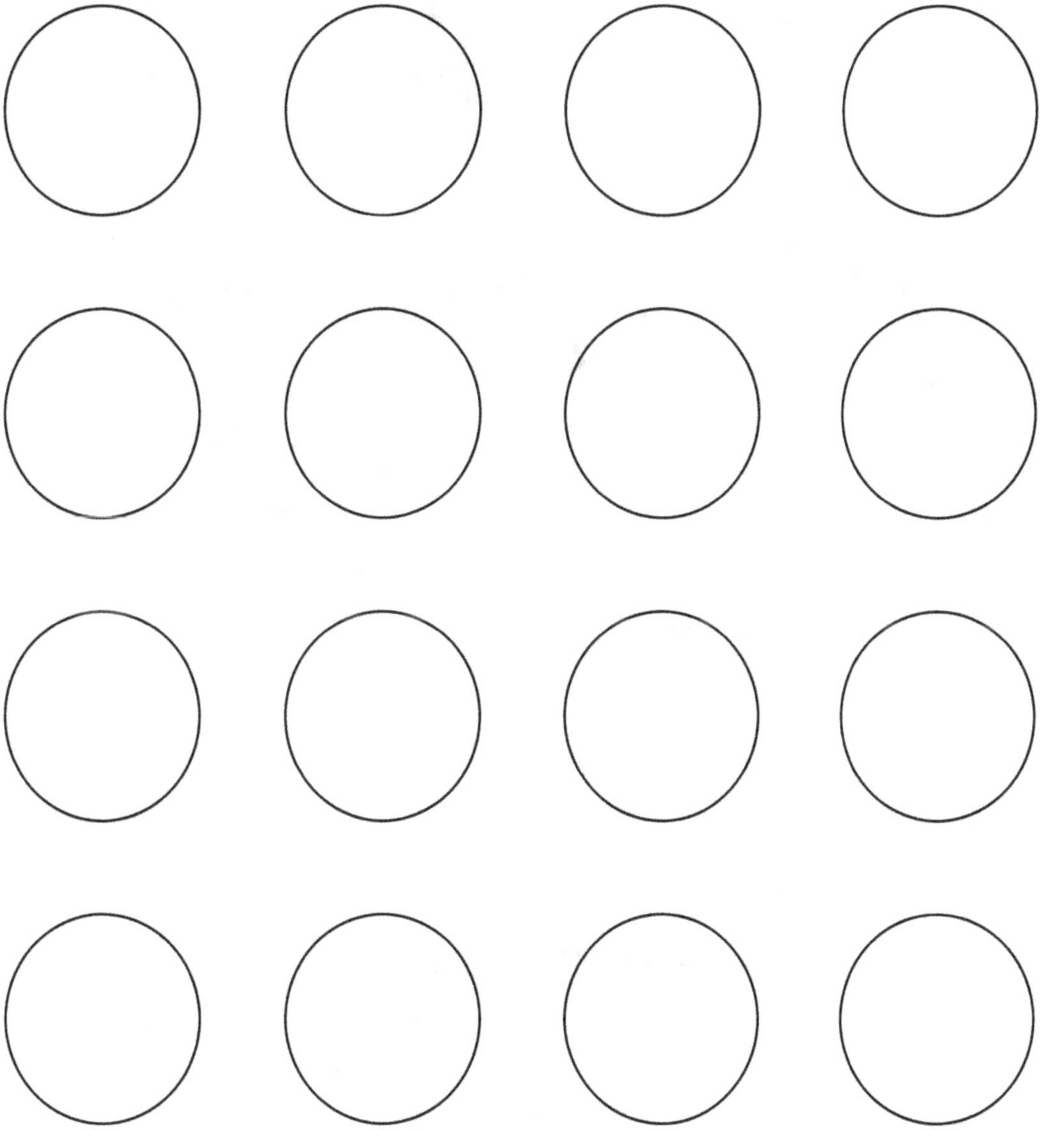

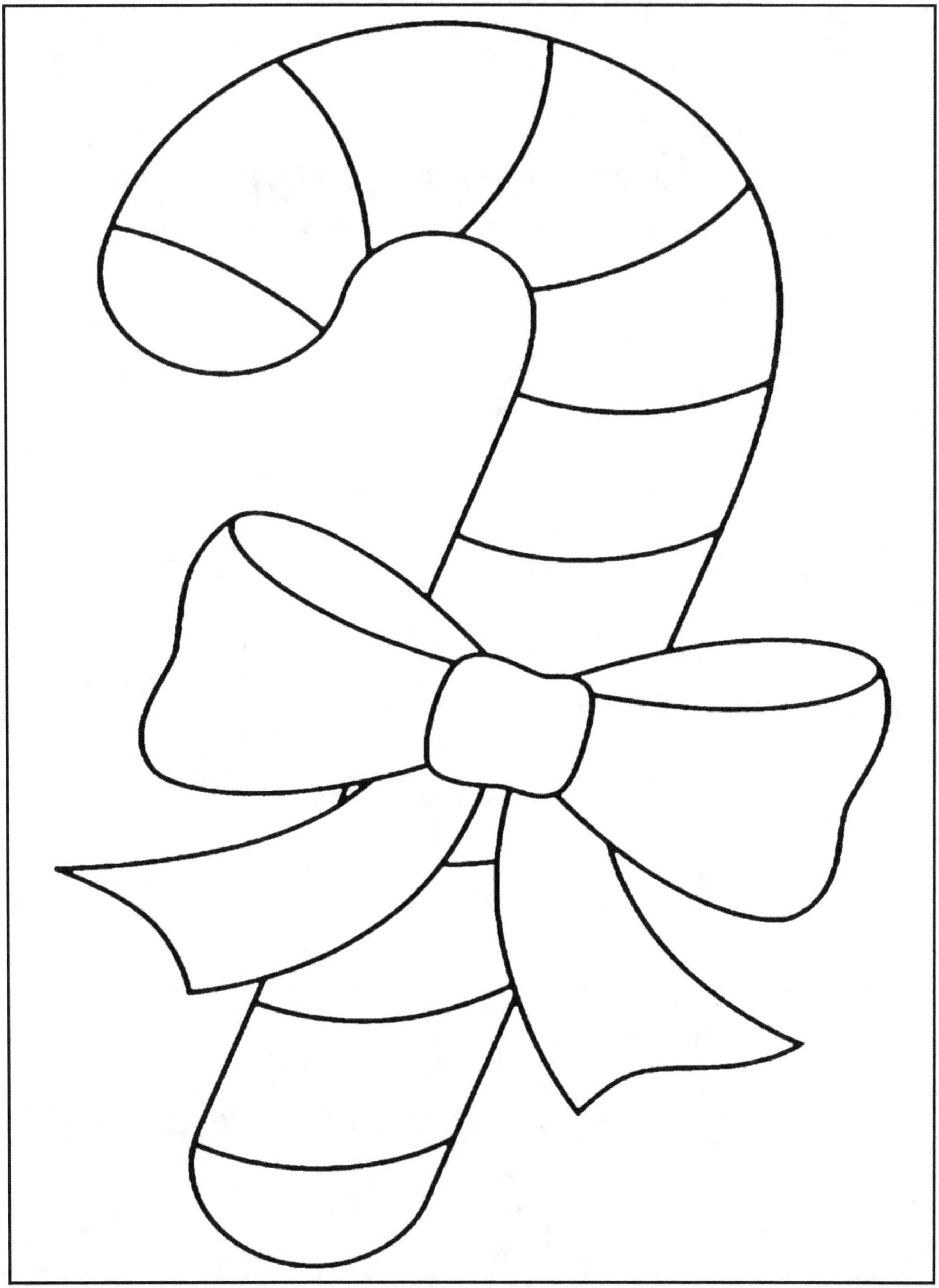

Test Your Color

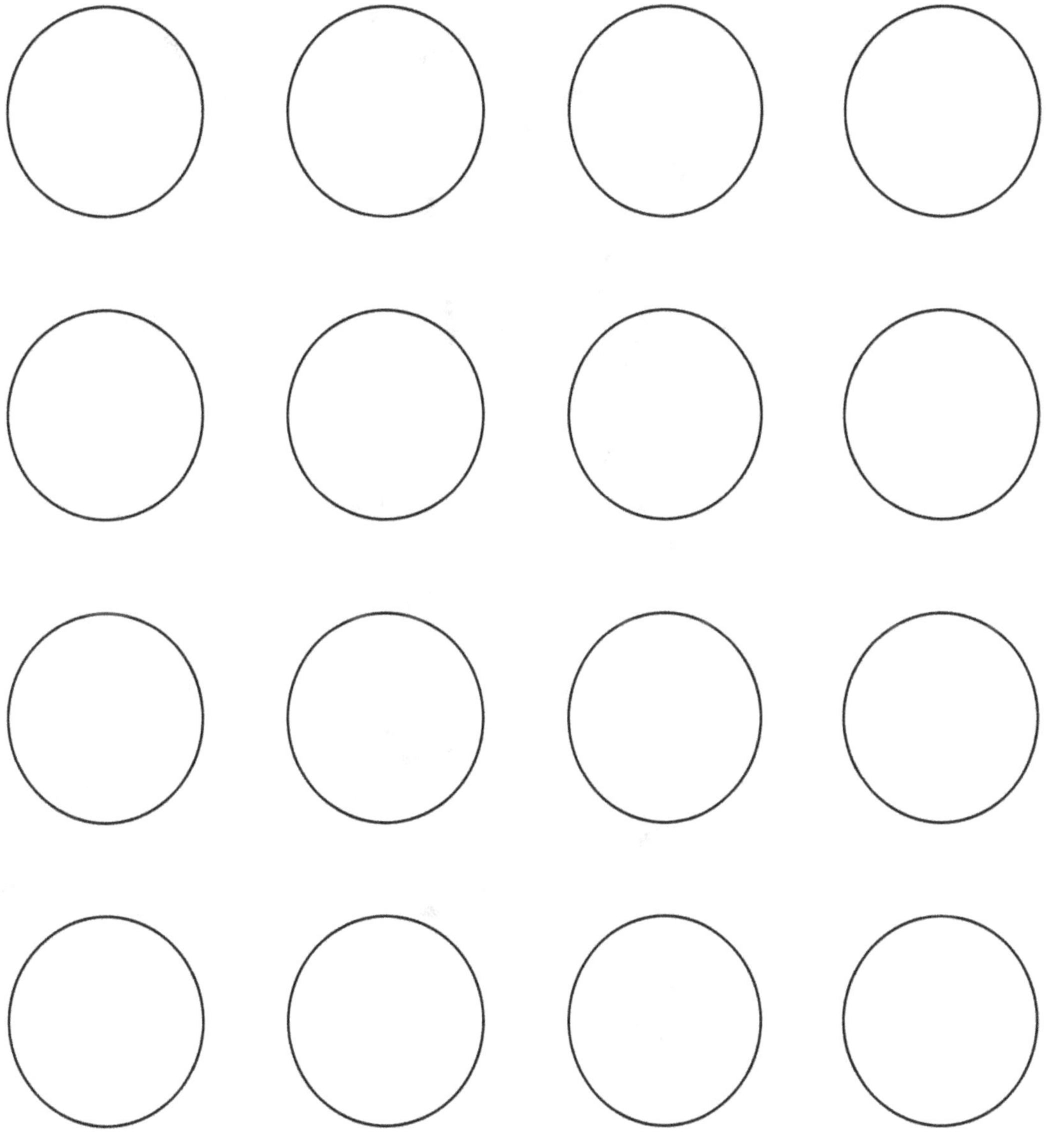

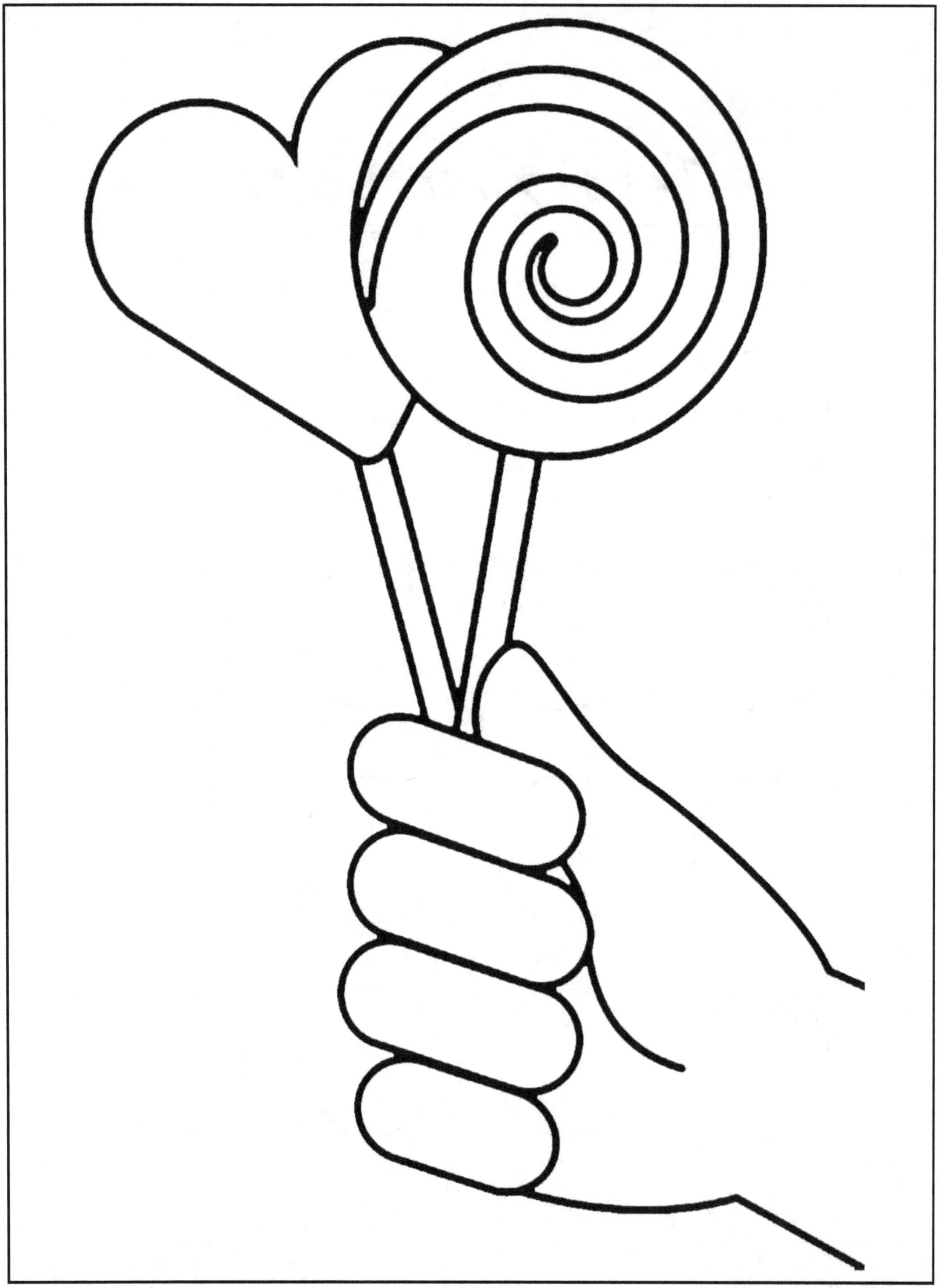

Test Your Color

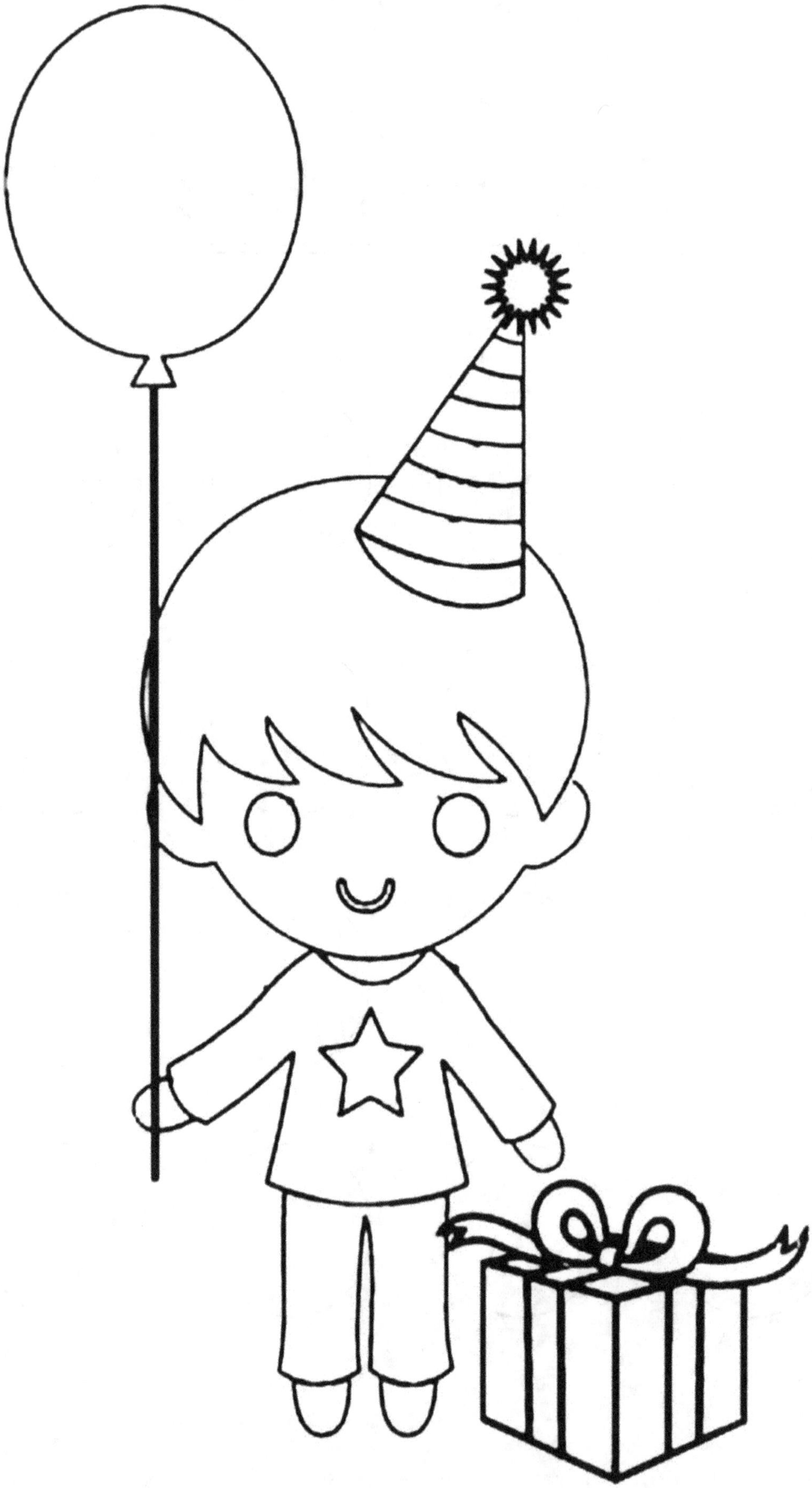

Test Your Color

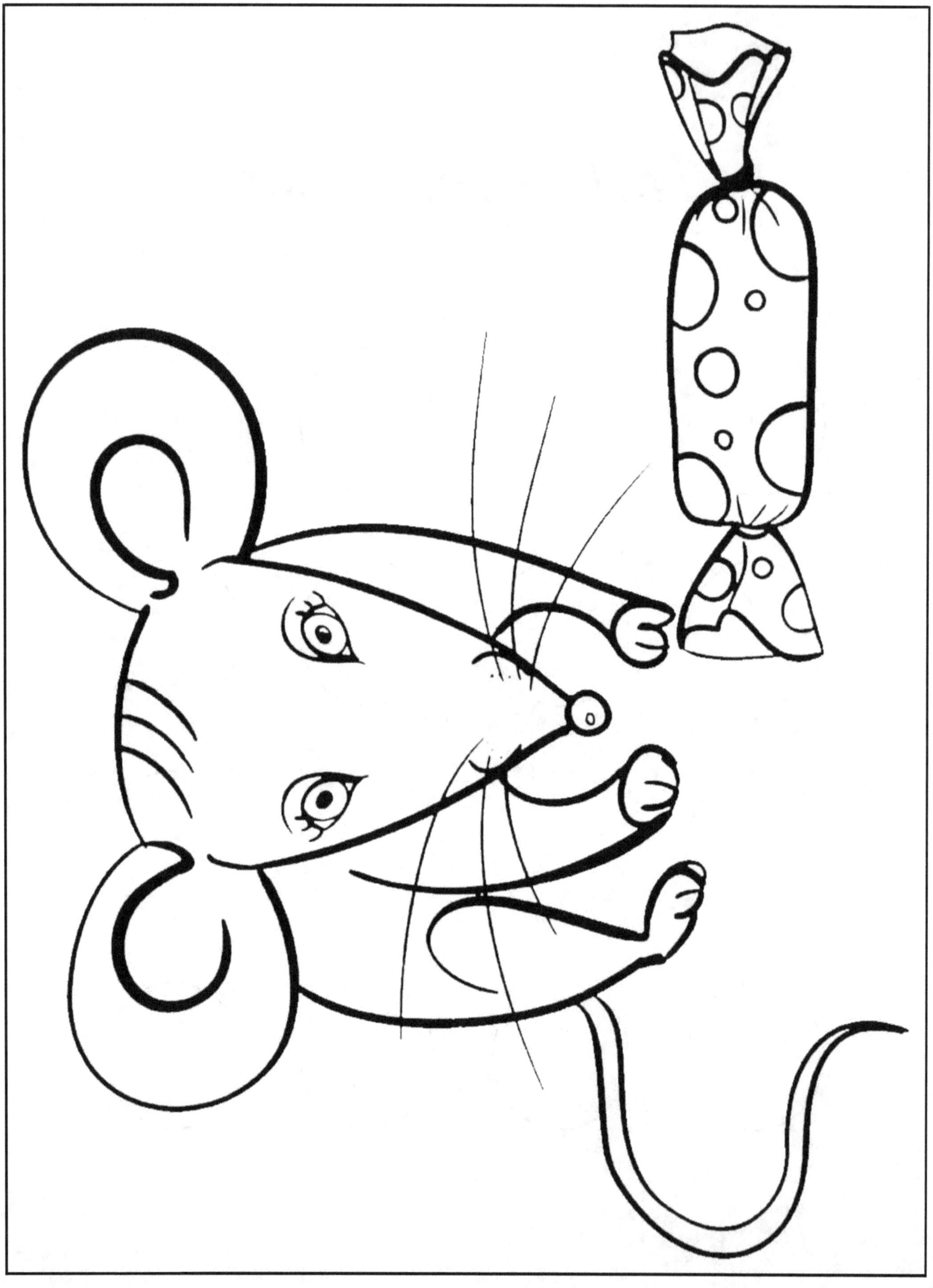

Test Your Color

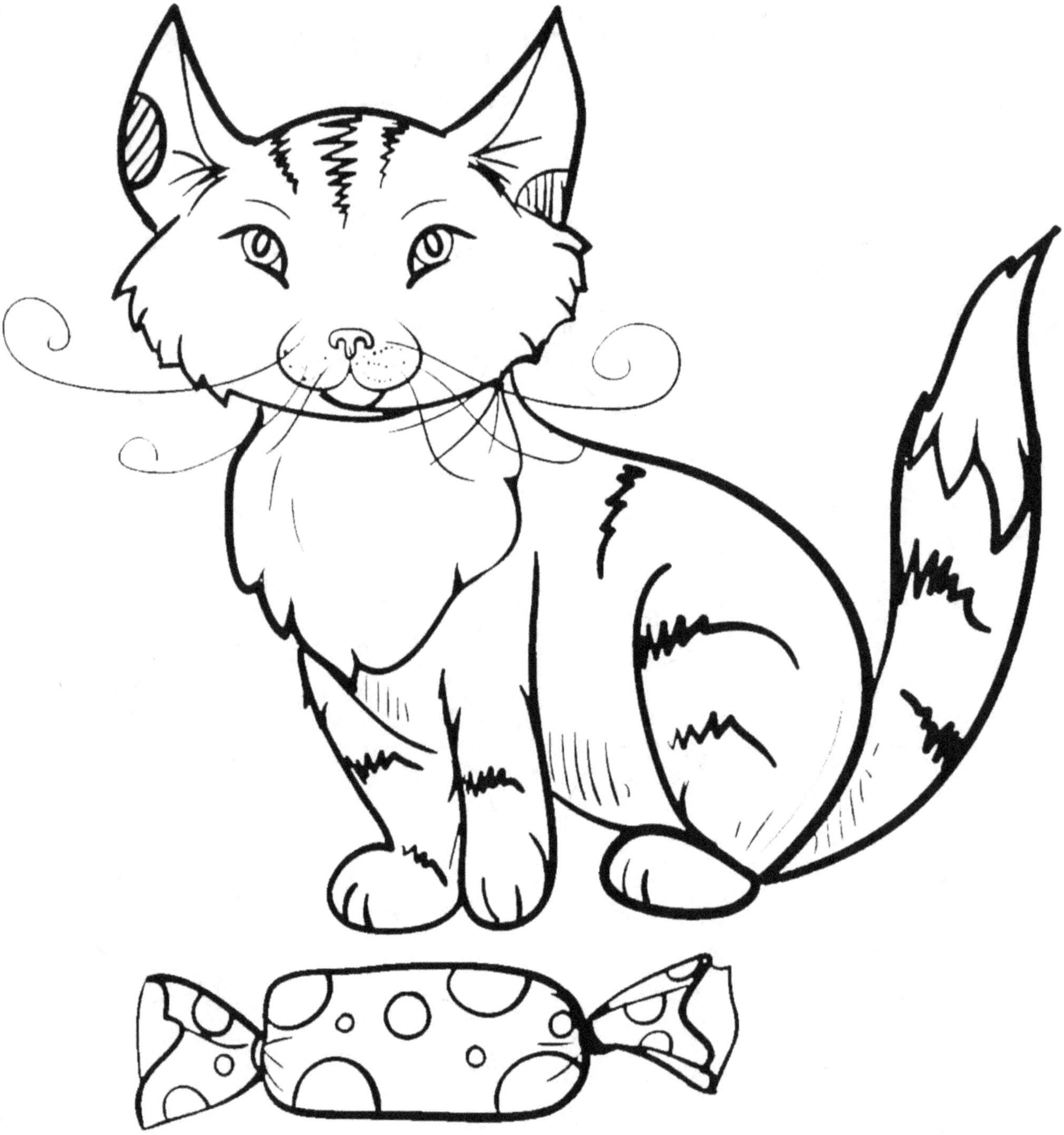

Test Your Color

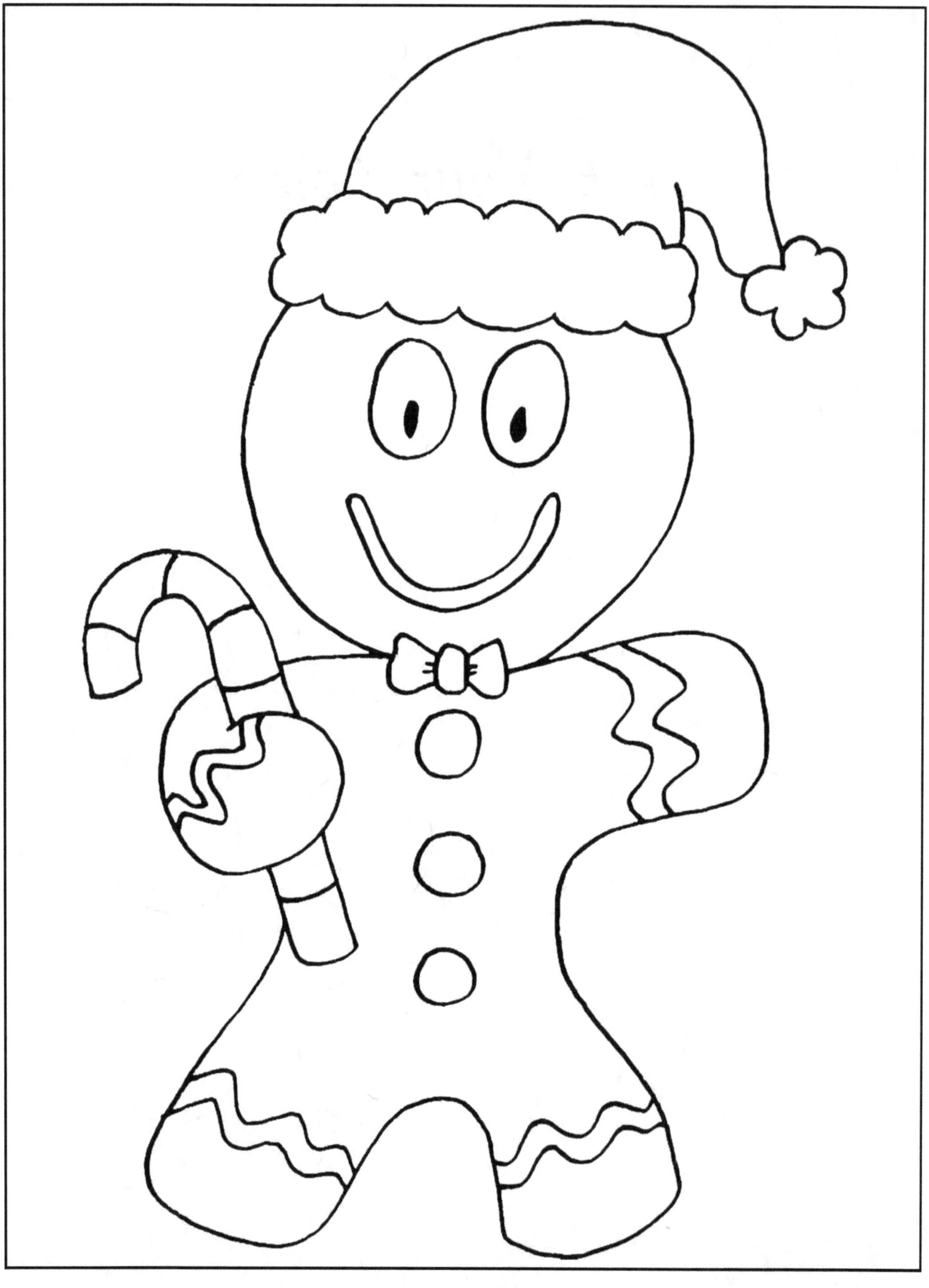

Test Your Color

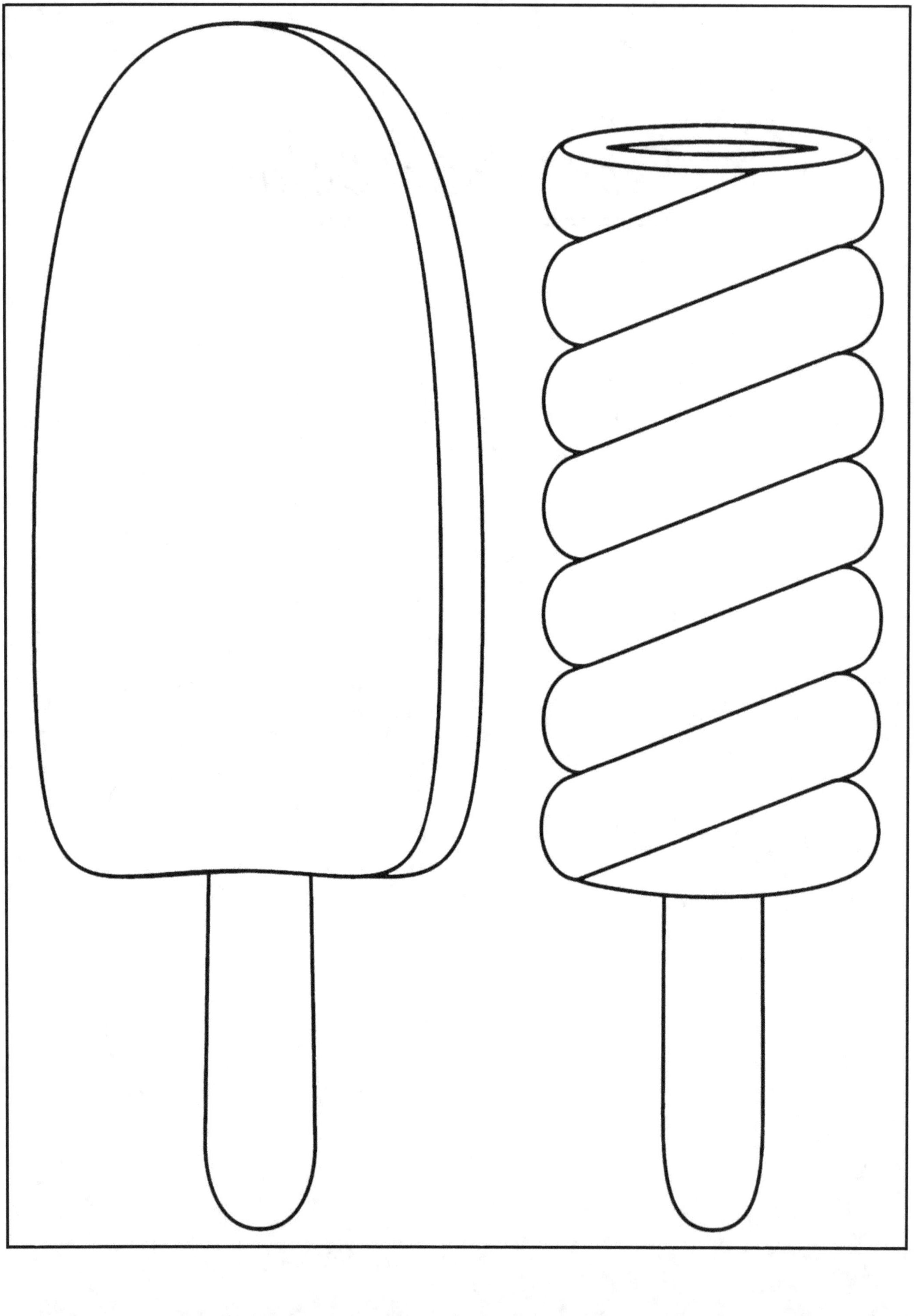

Test Your Color

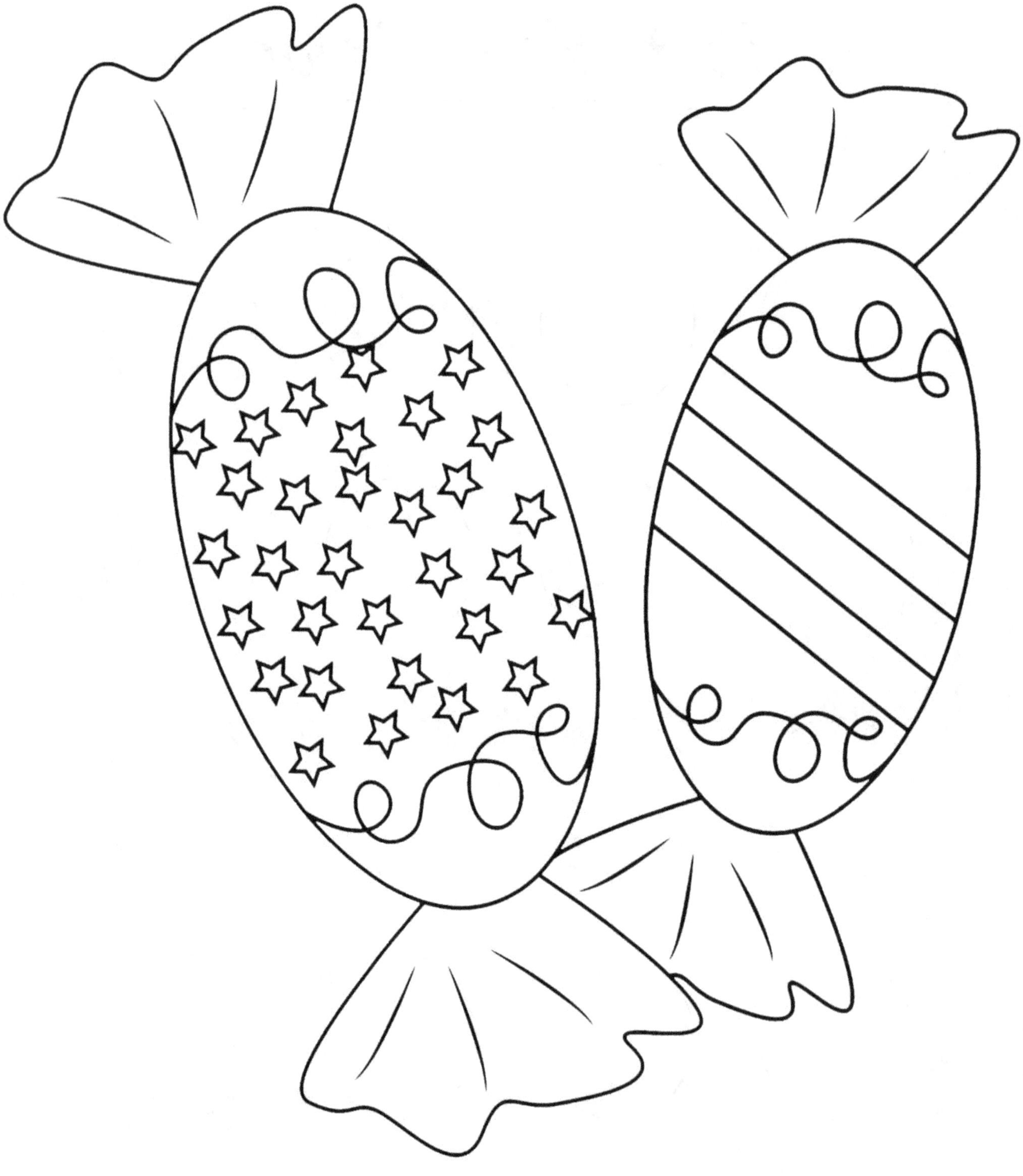

Test Your Color

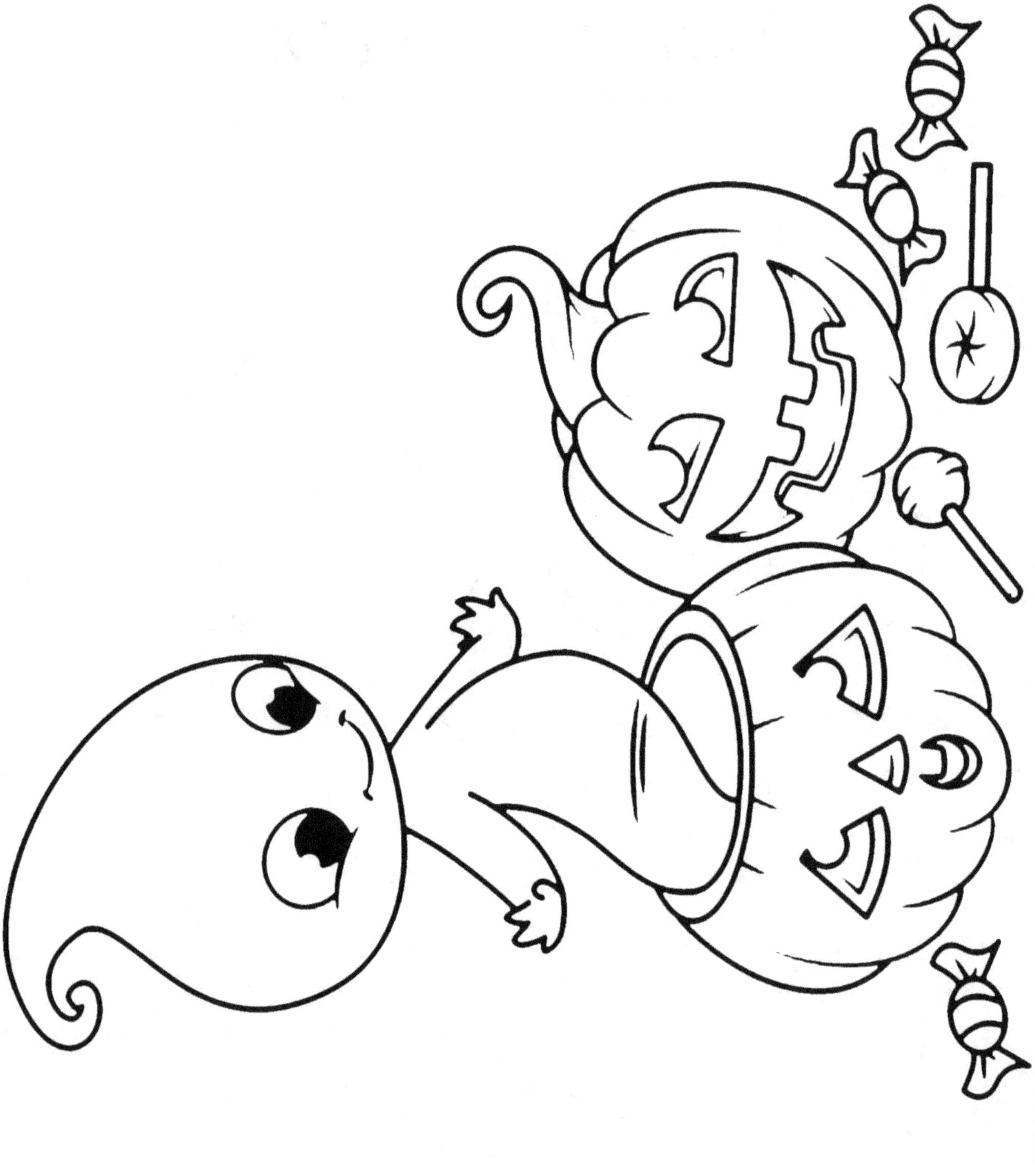

Test Your Color

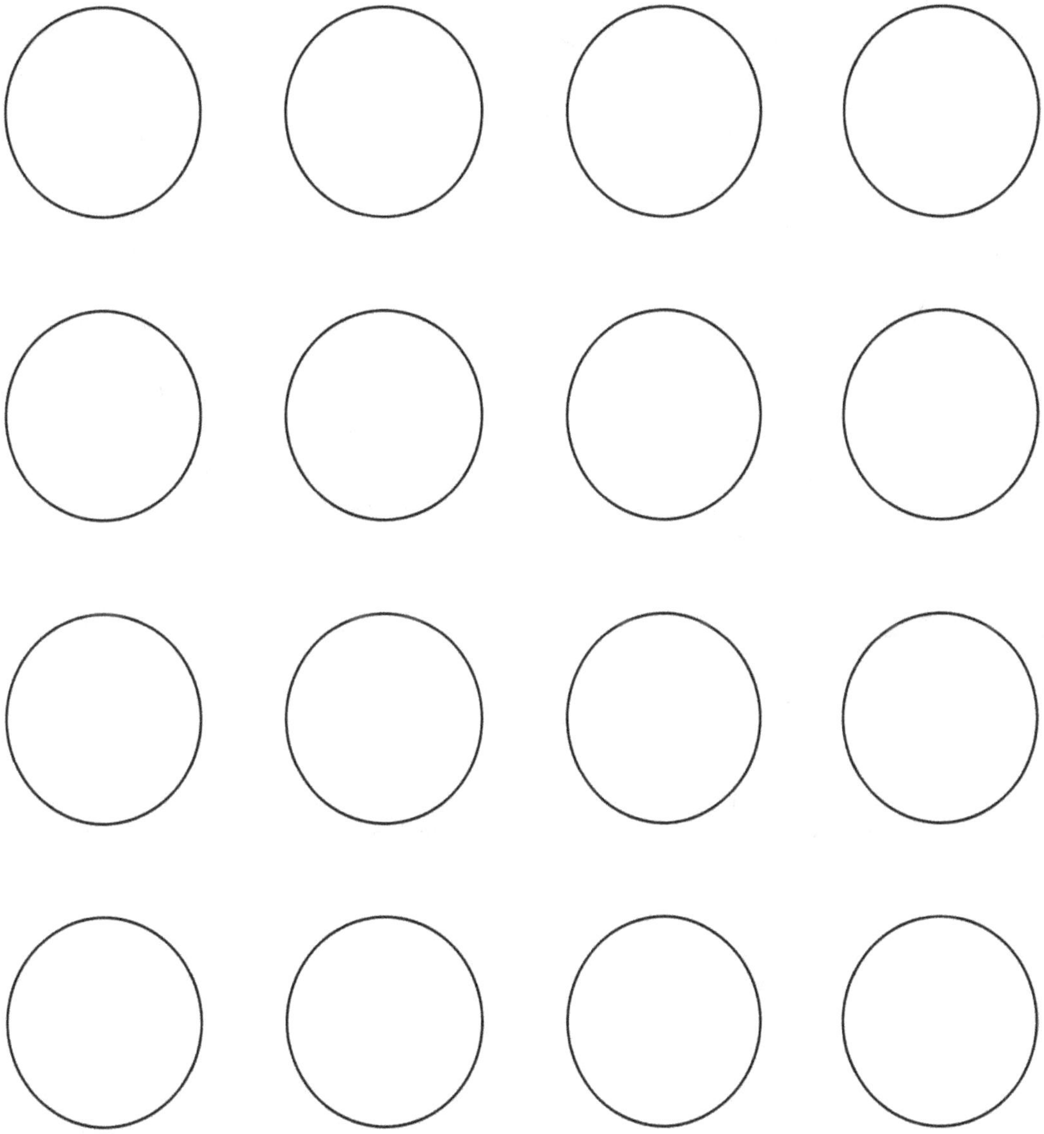

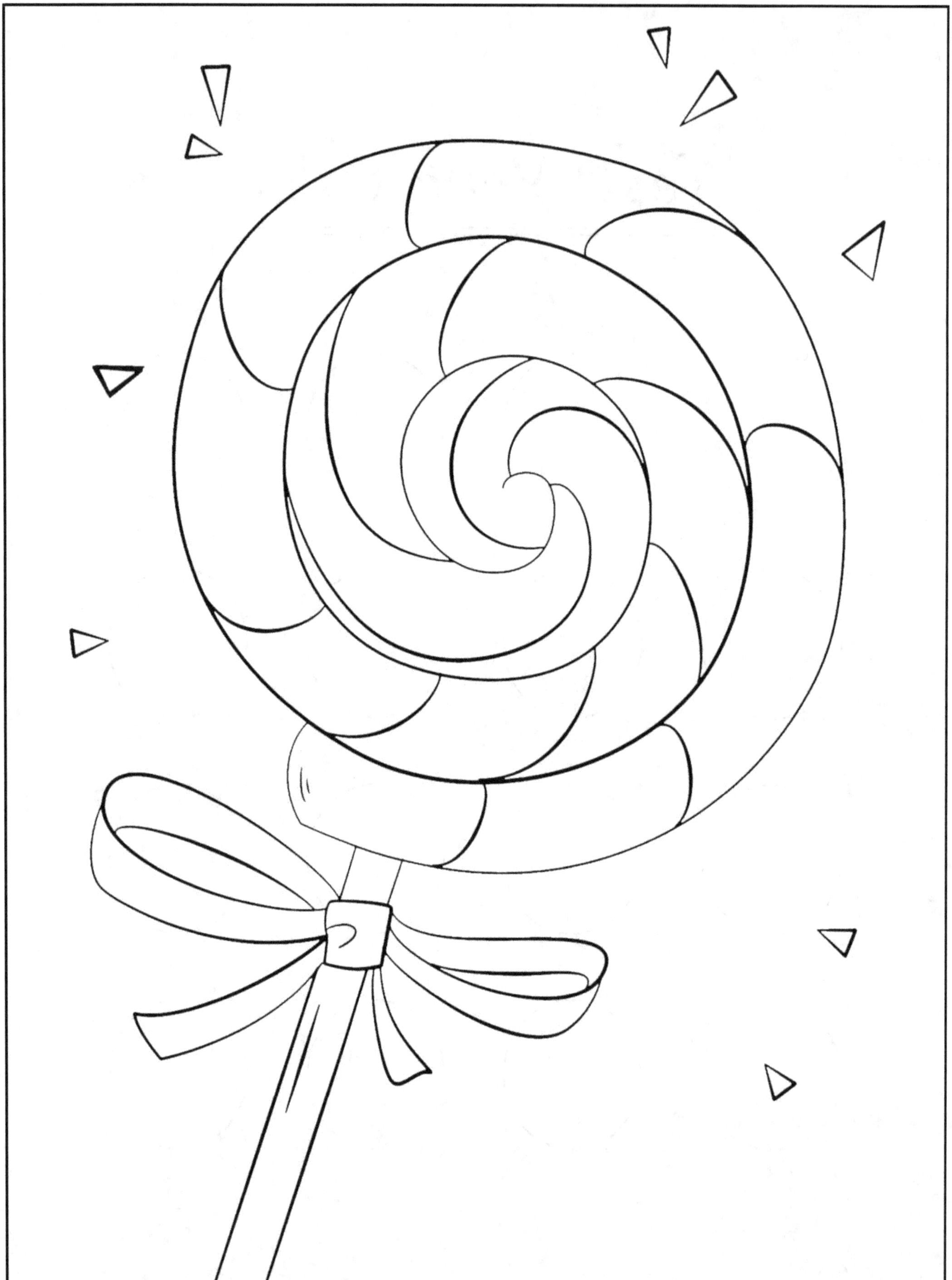

Test Your Color

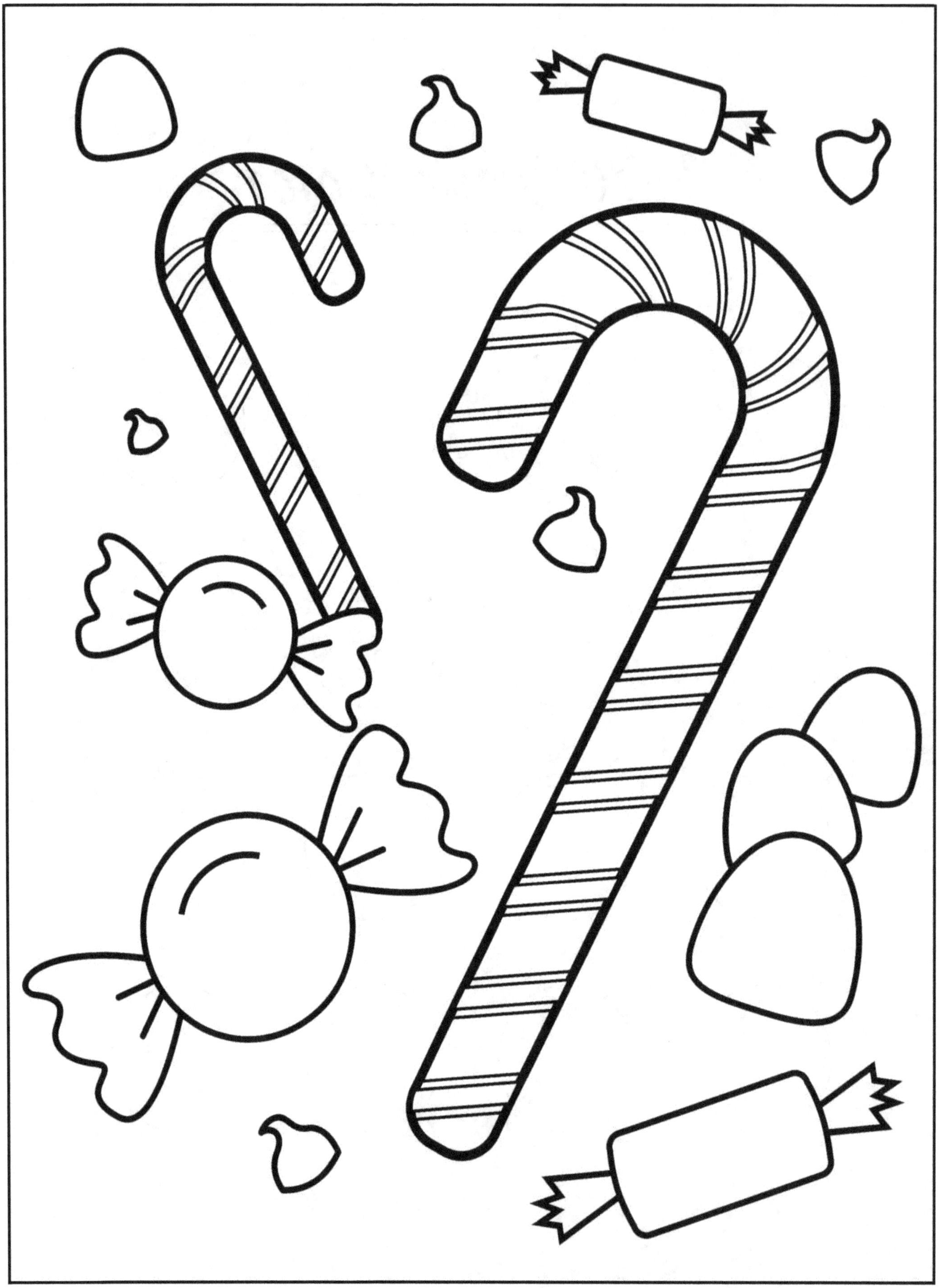

Test Your Color

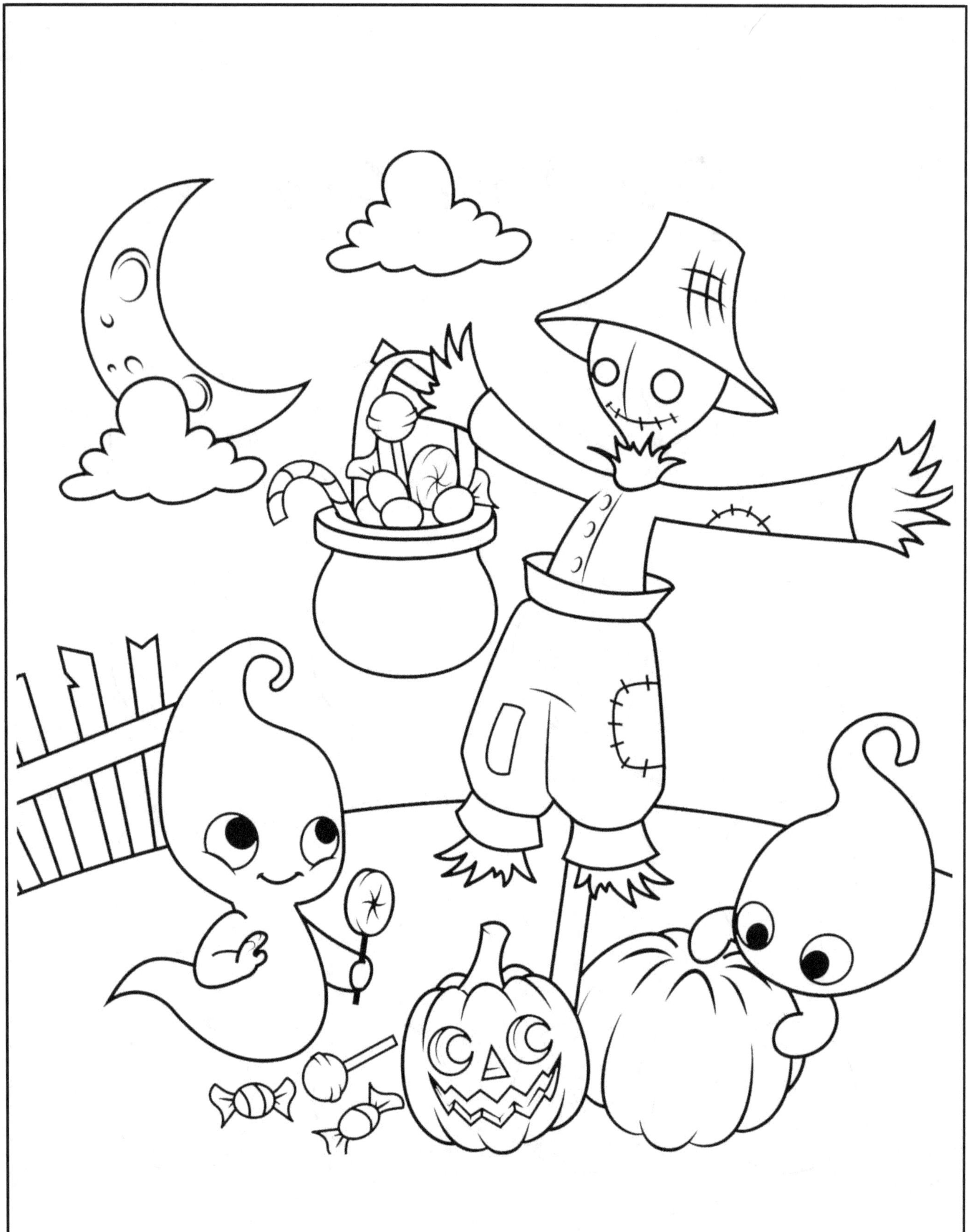

Test Your Color

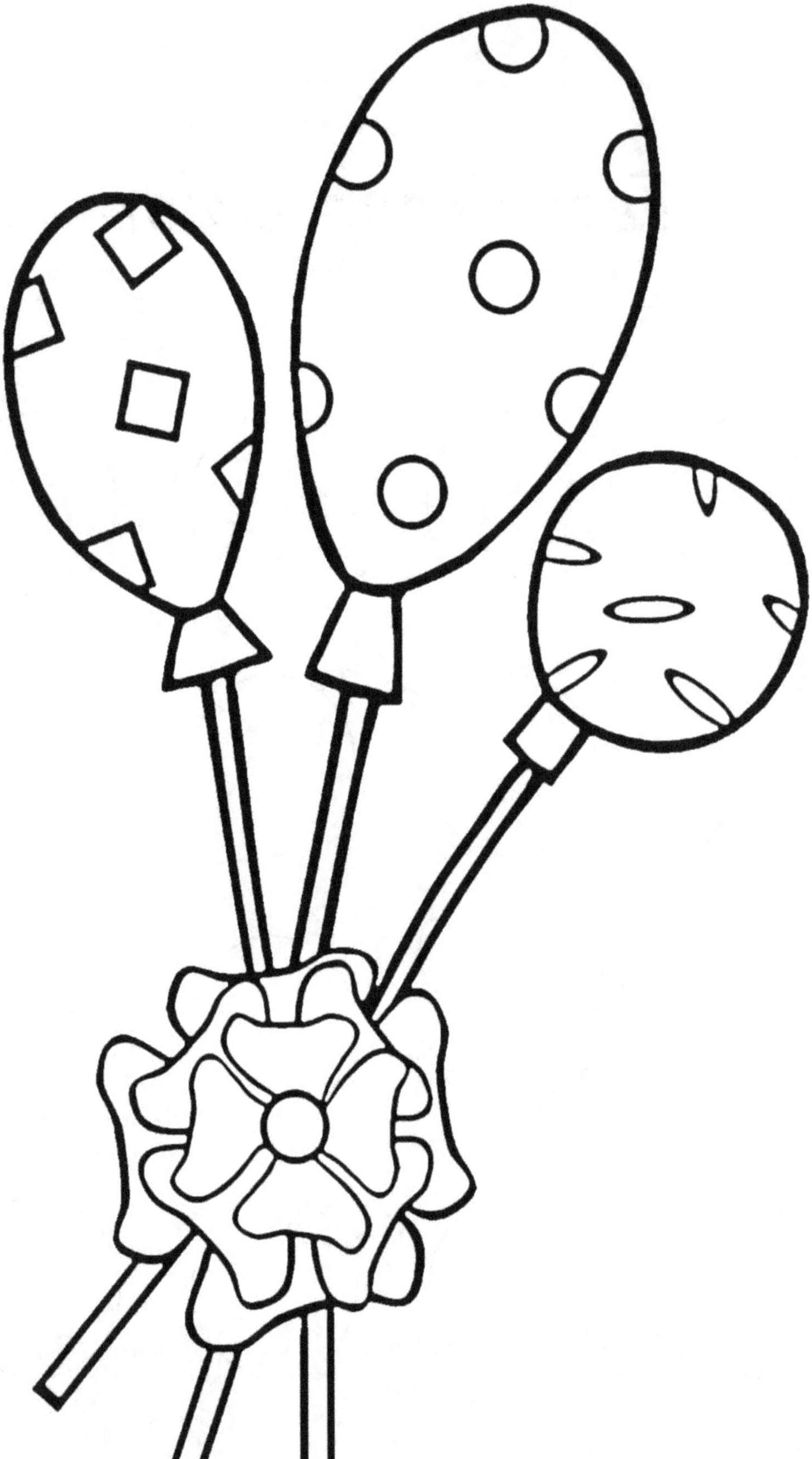

Test Your Color

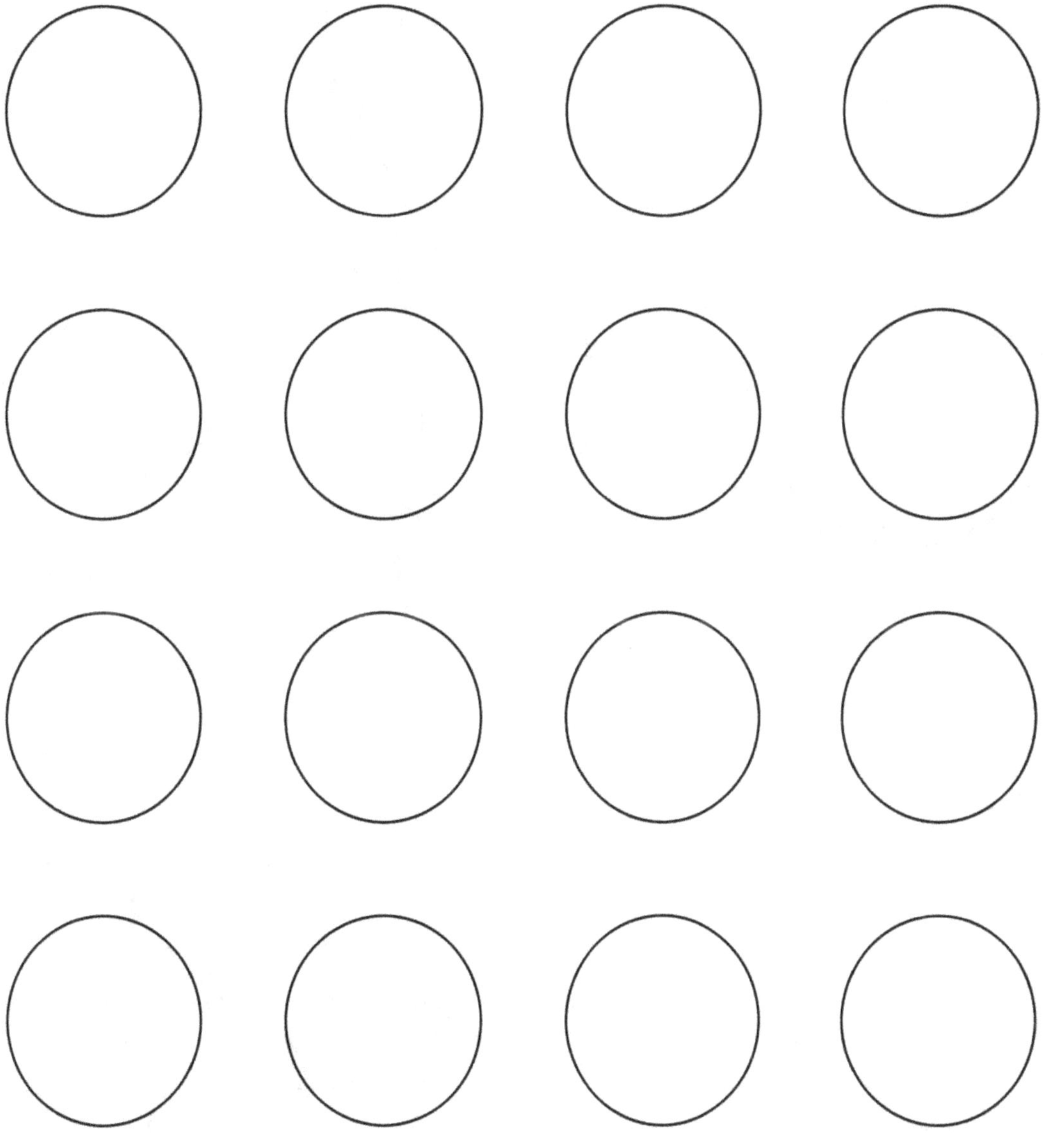

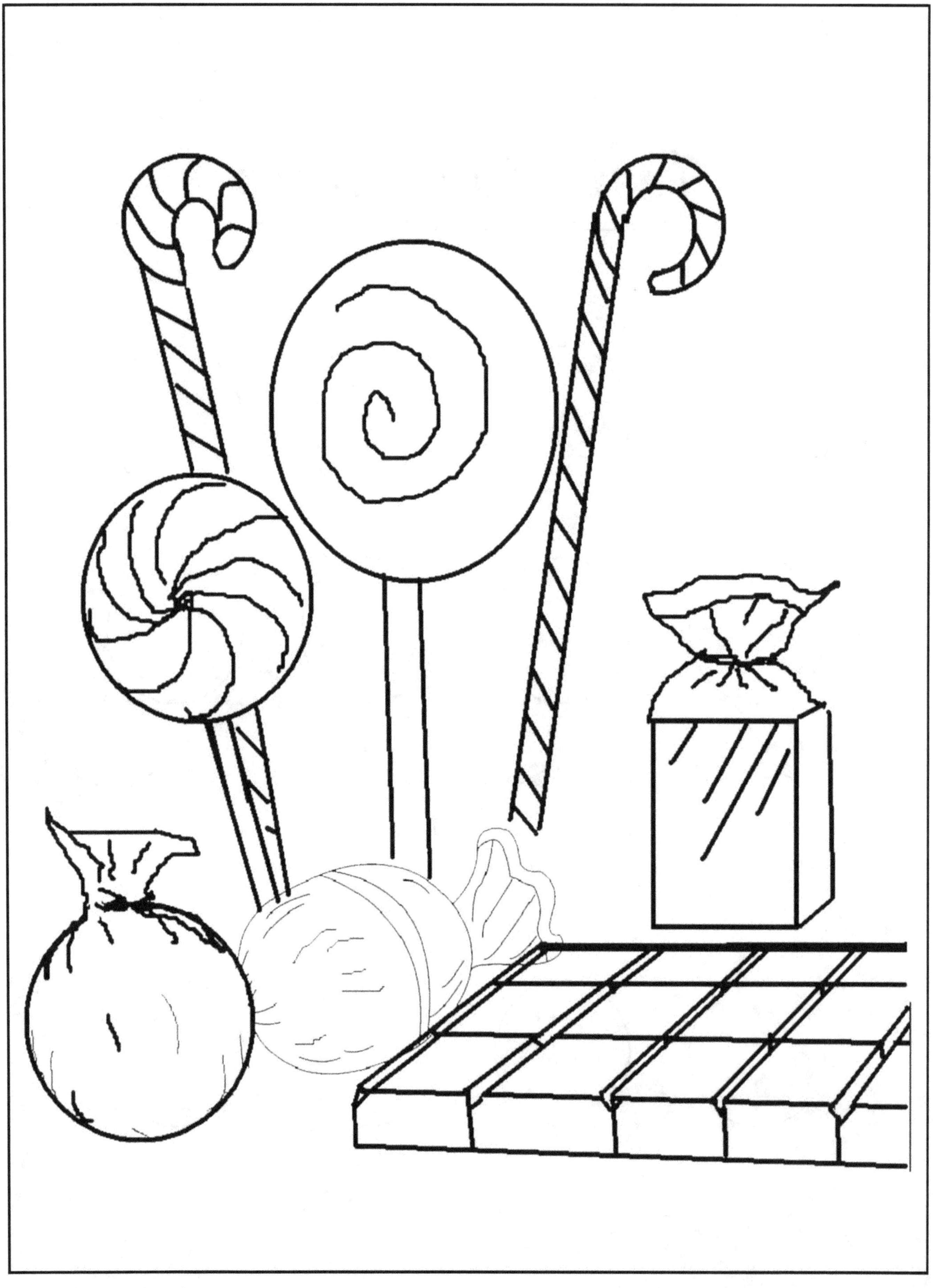

Test Your Color

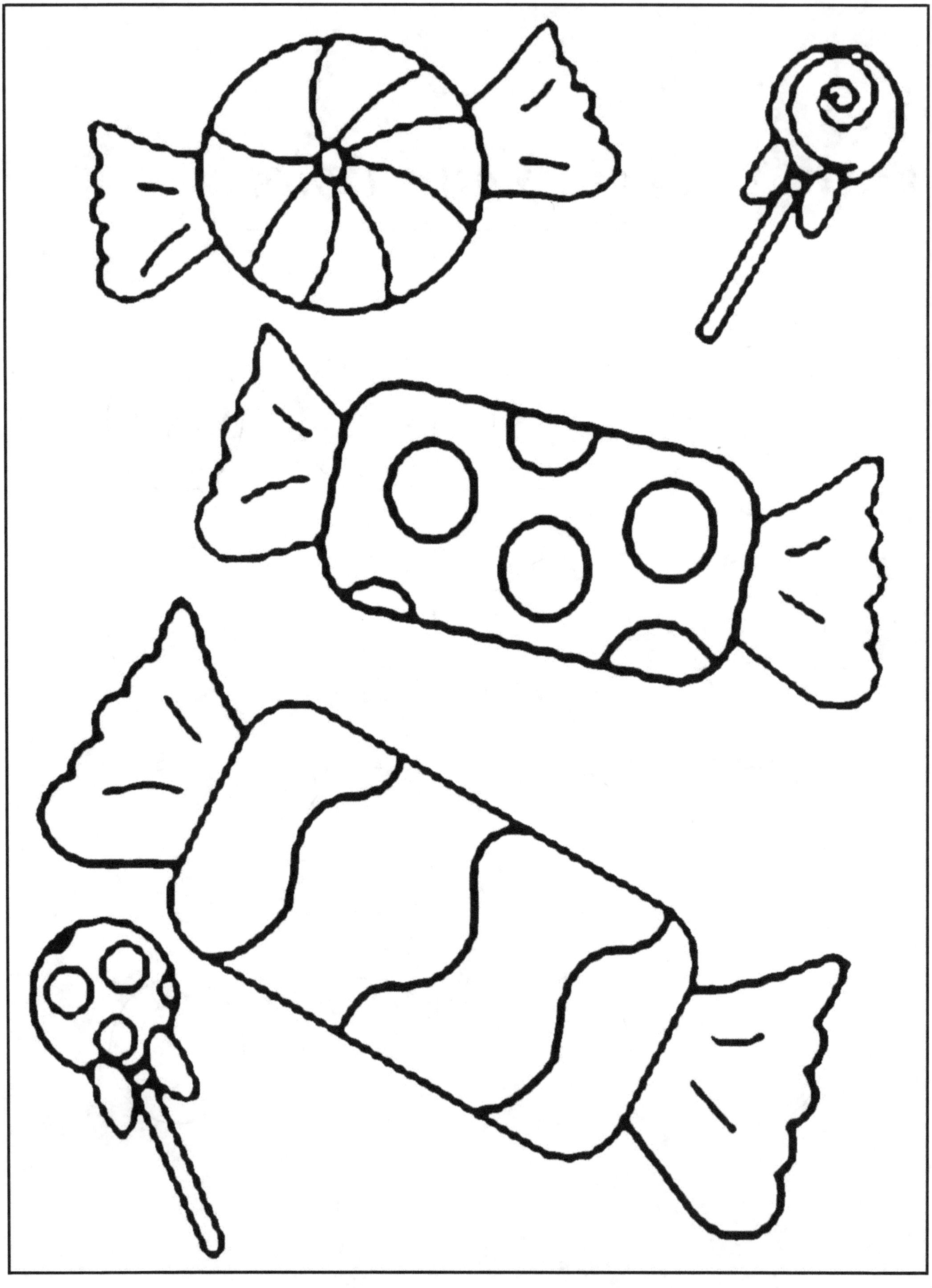

Test Your Color

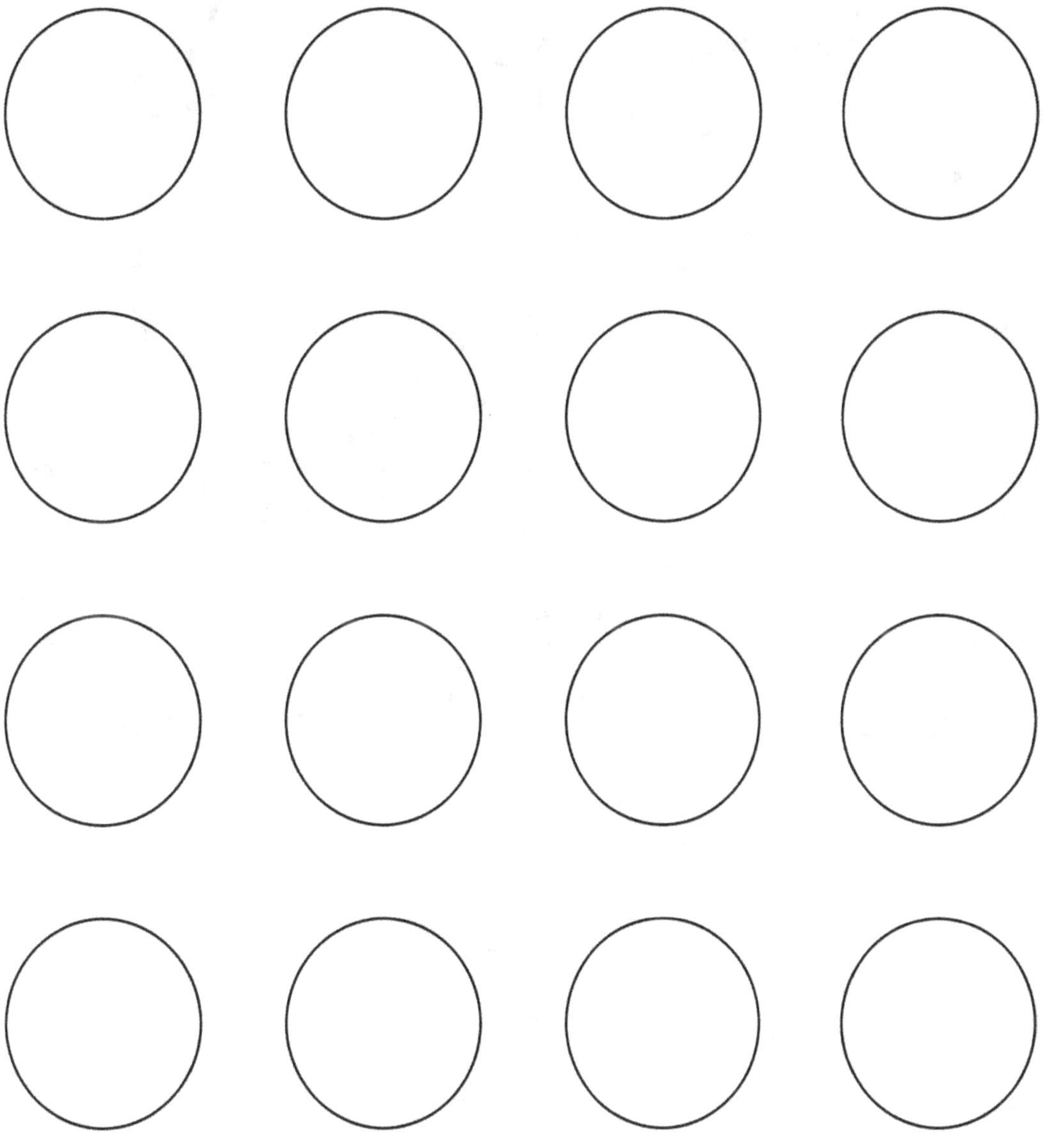

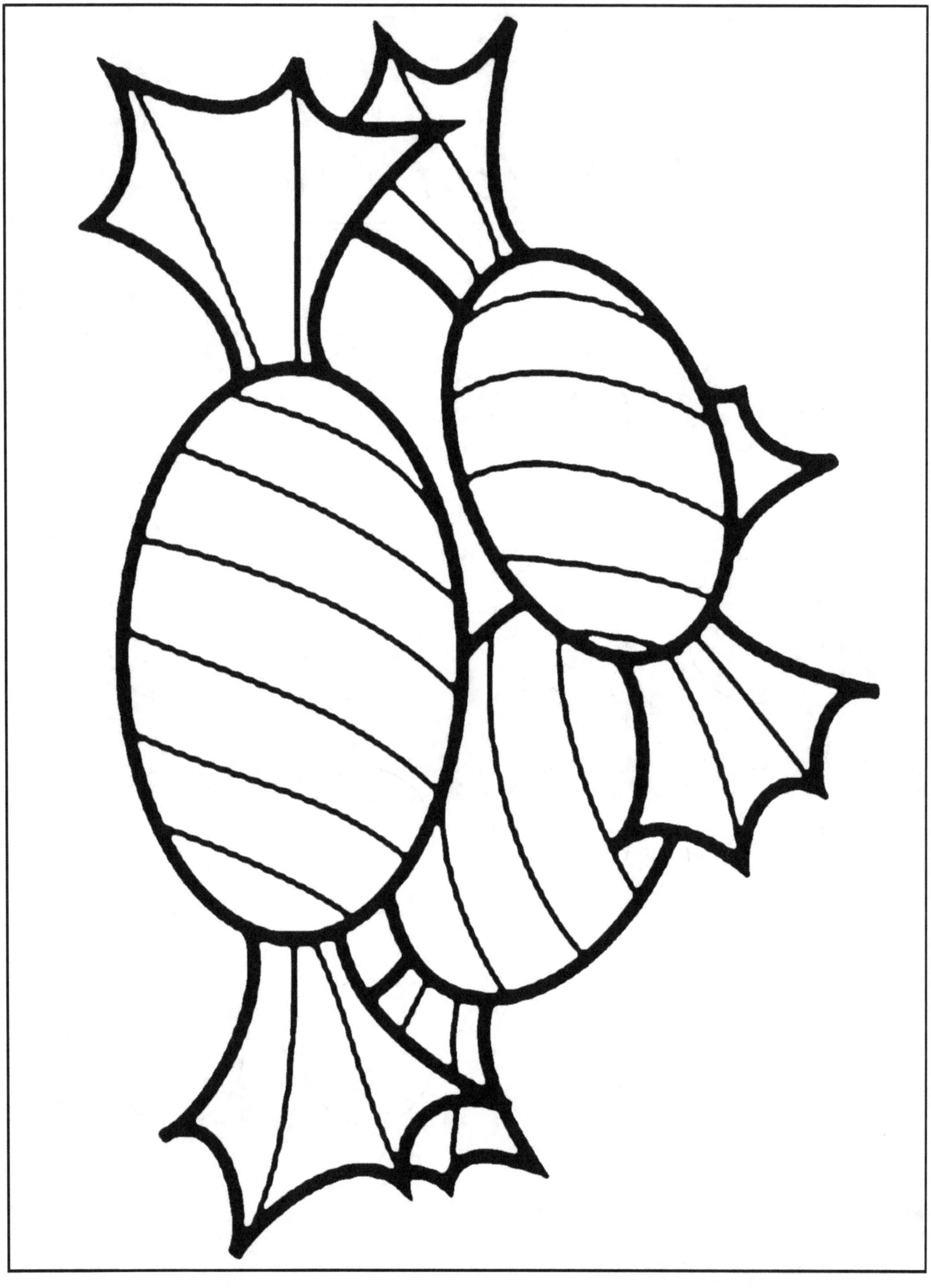

Test Your Color

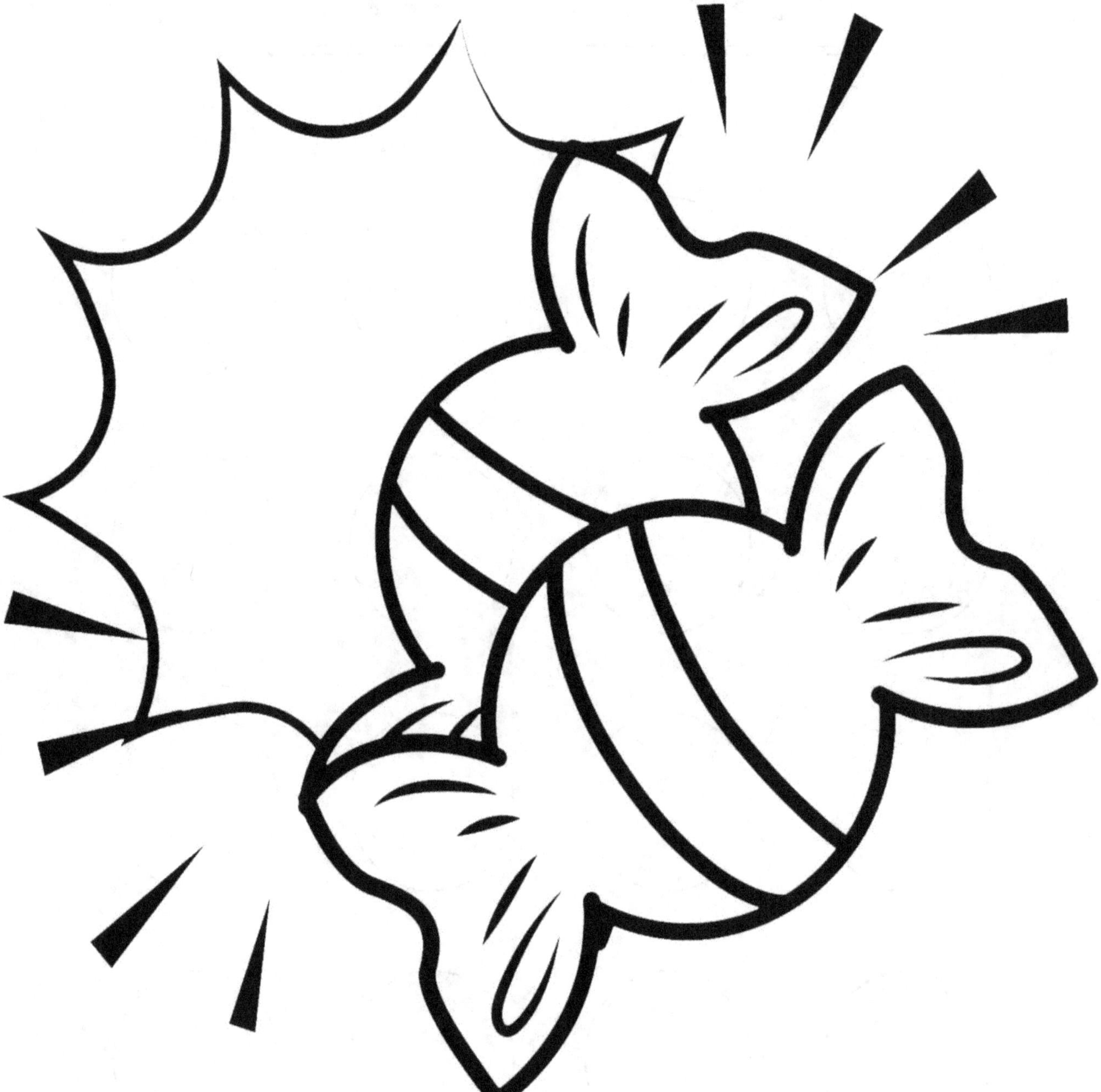

Test Your Color

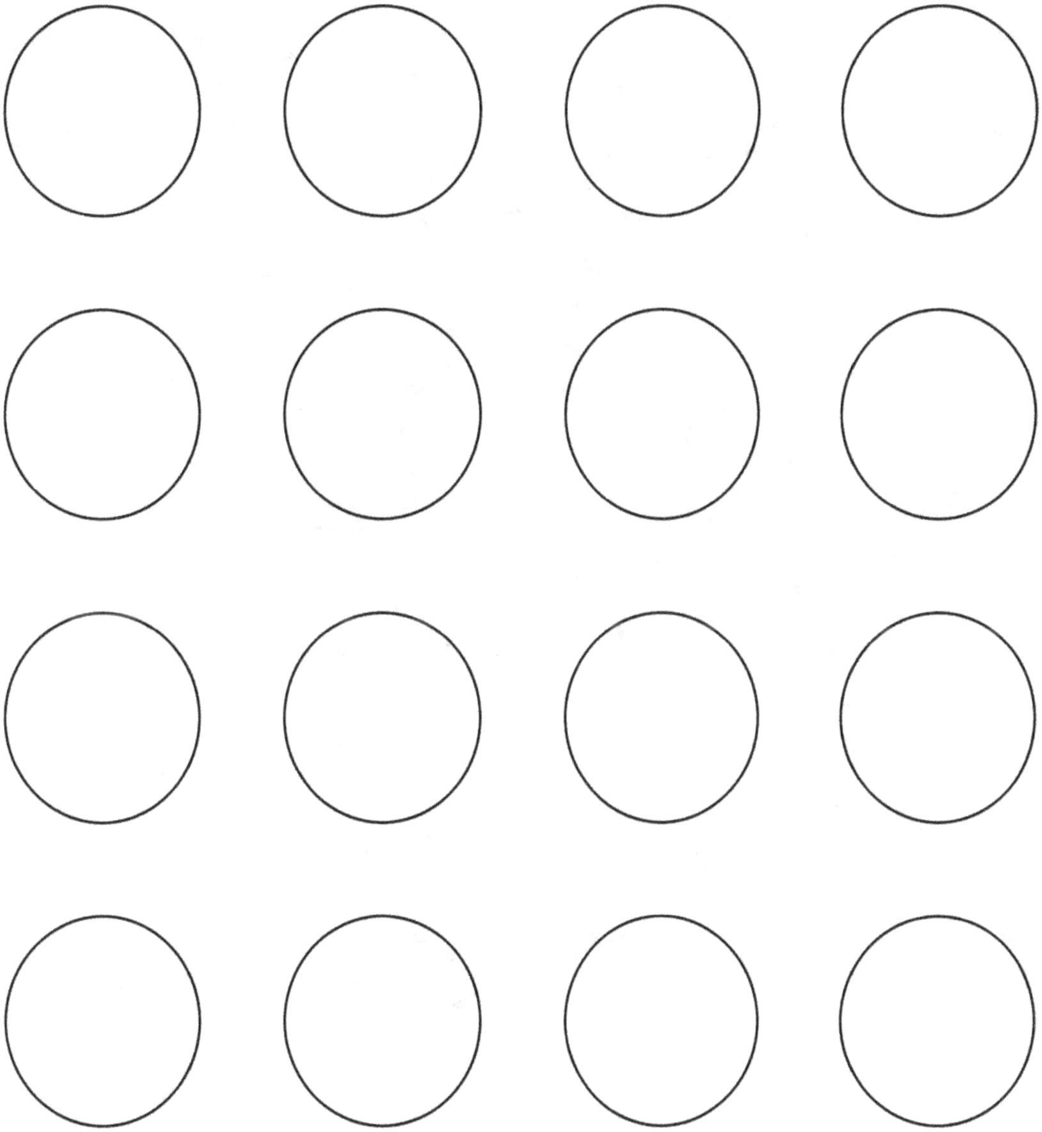

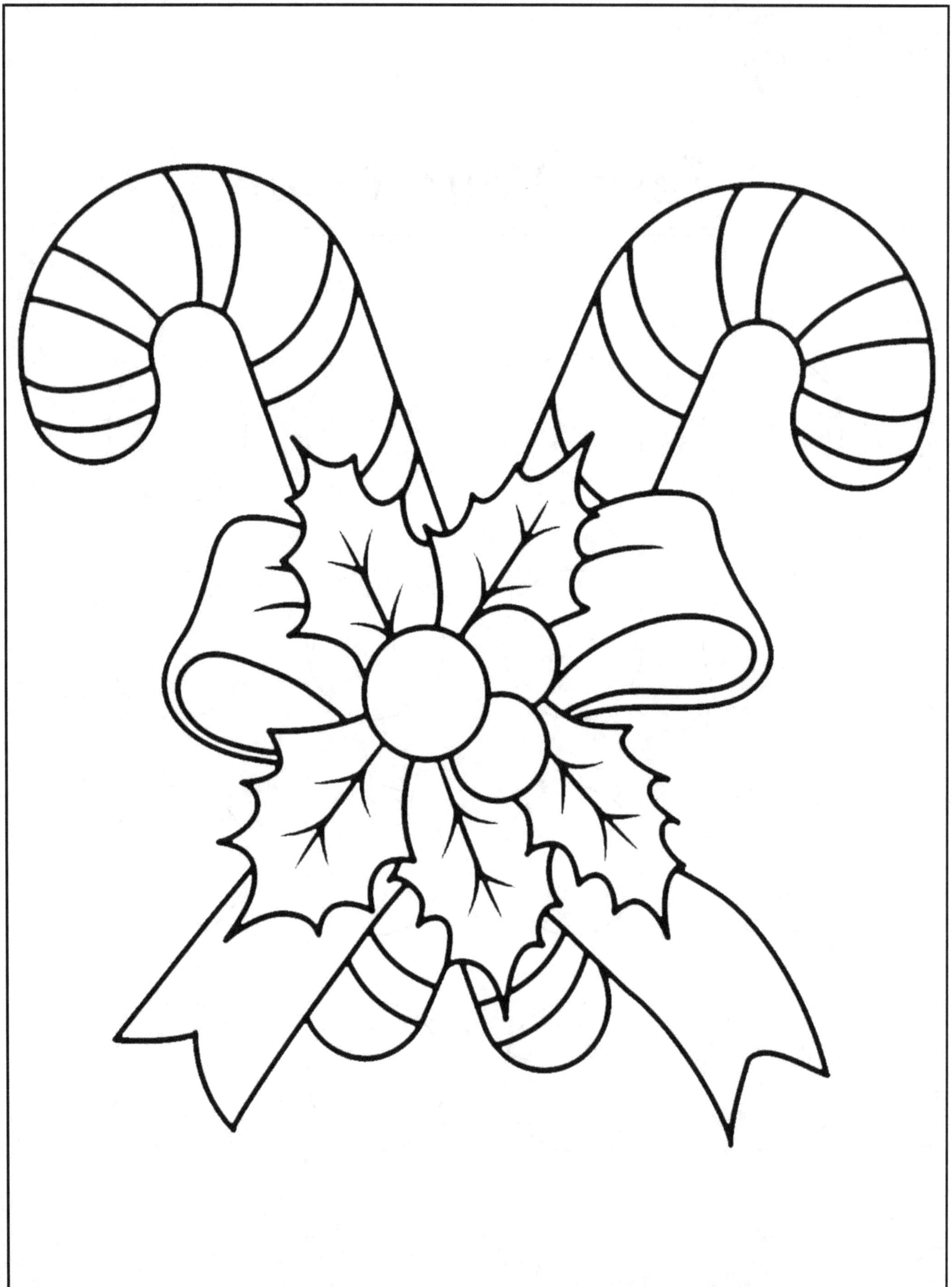

Test Your Color

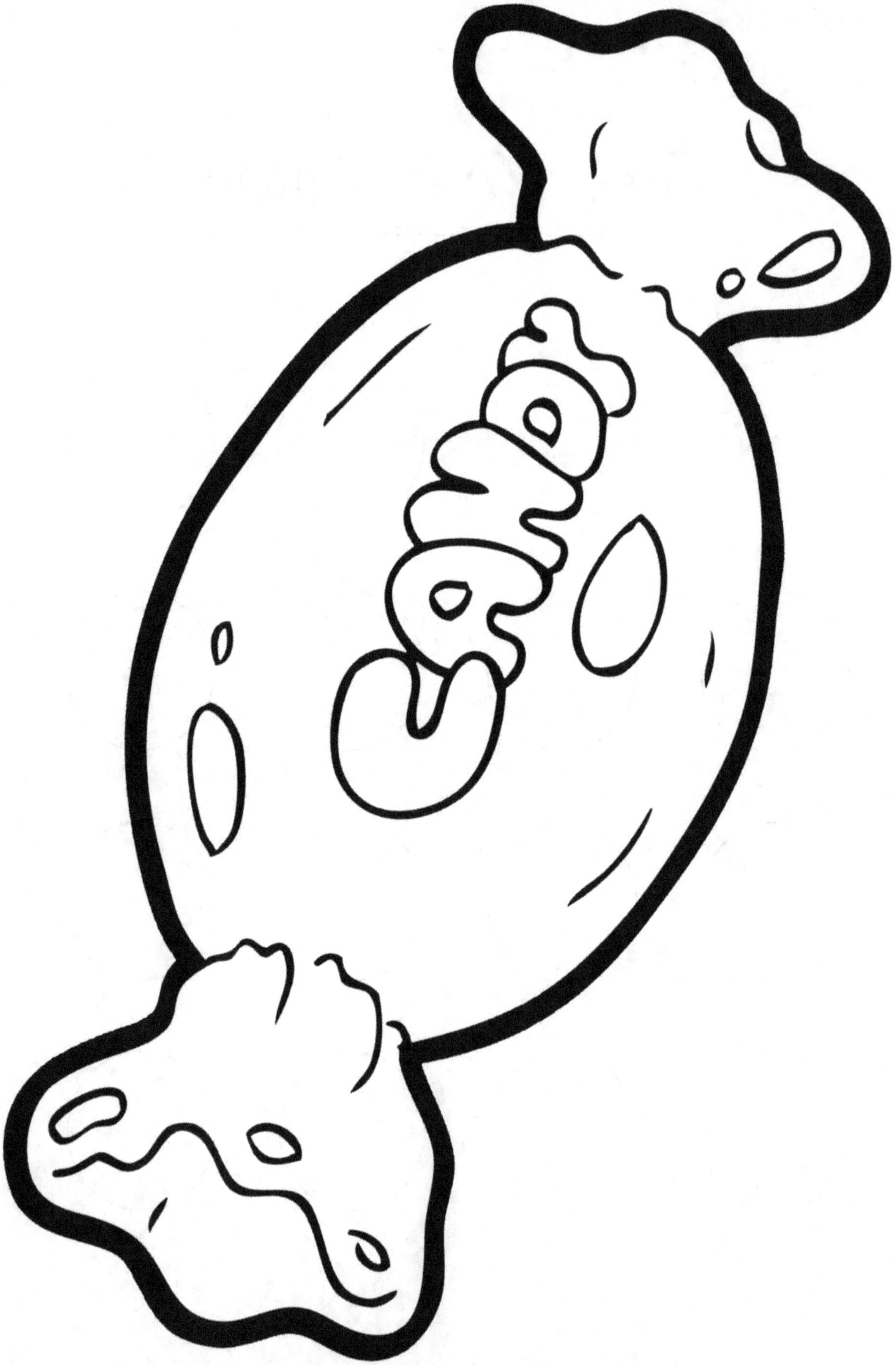
CANDY

Test Your Color

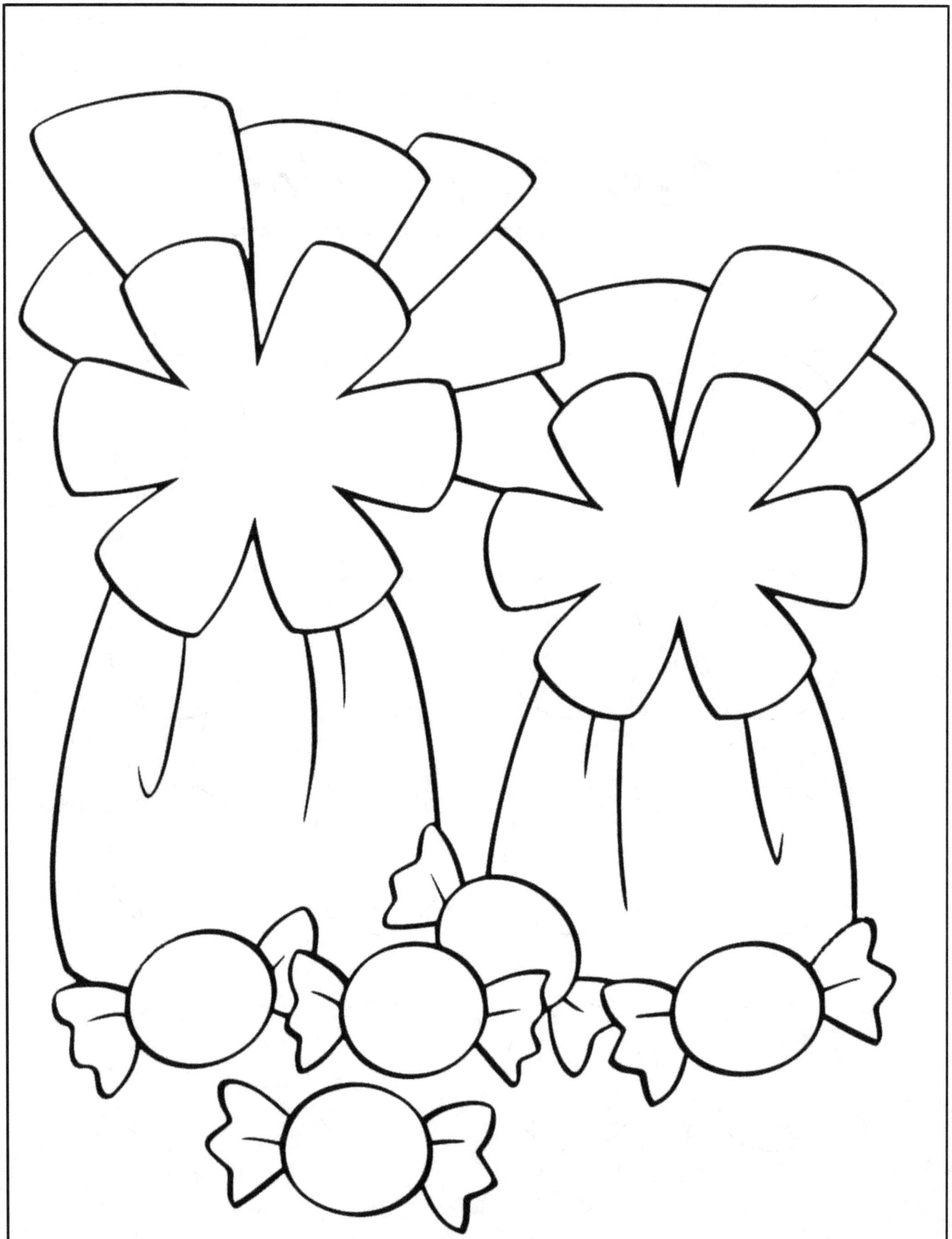

Test Your Color

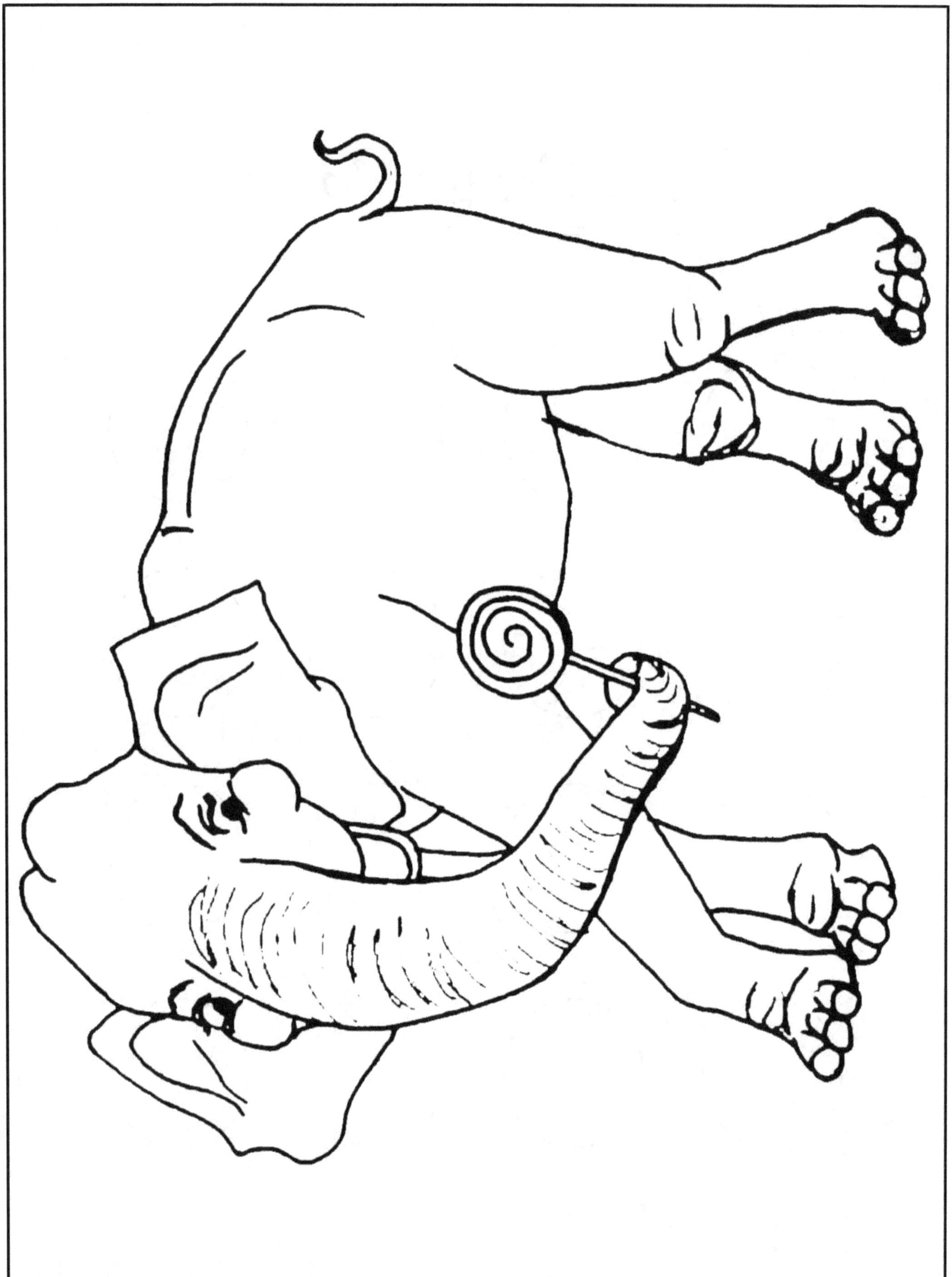

Test Your Color

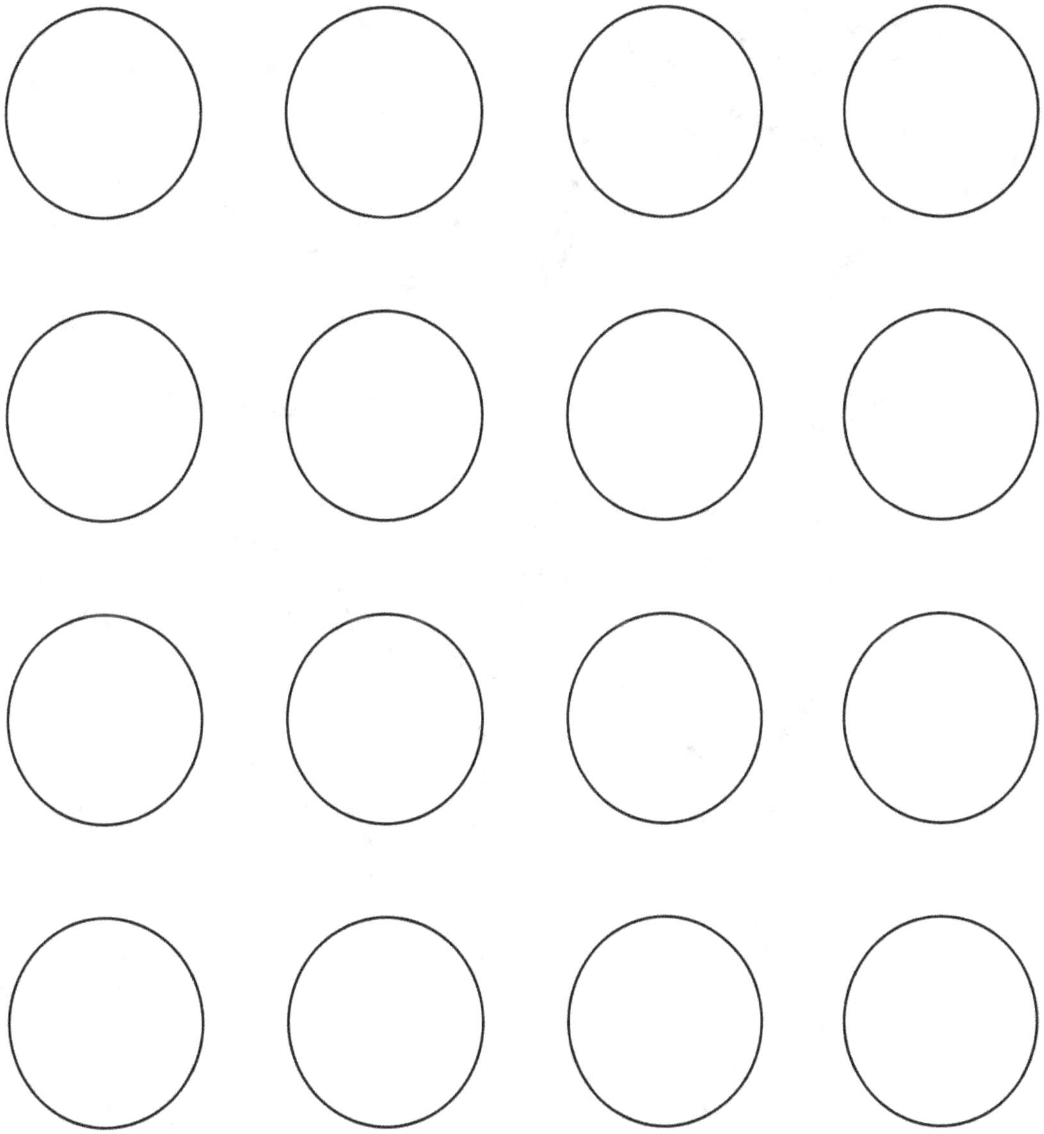

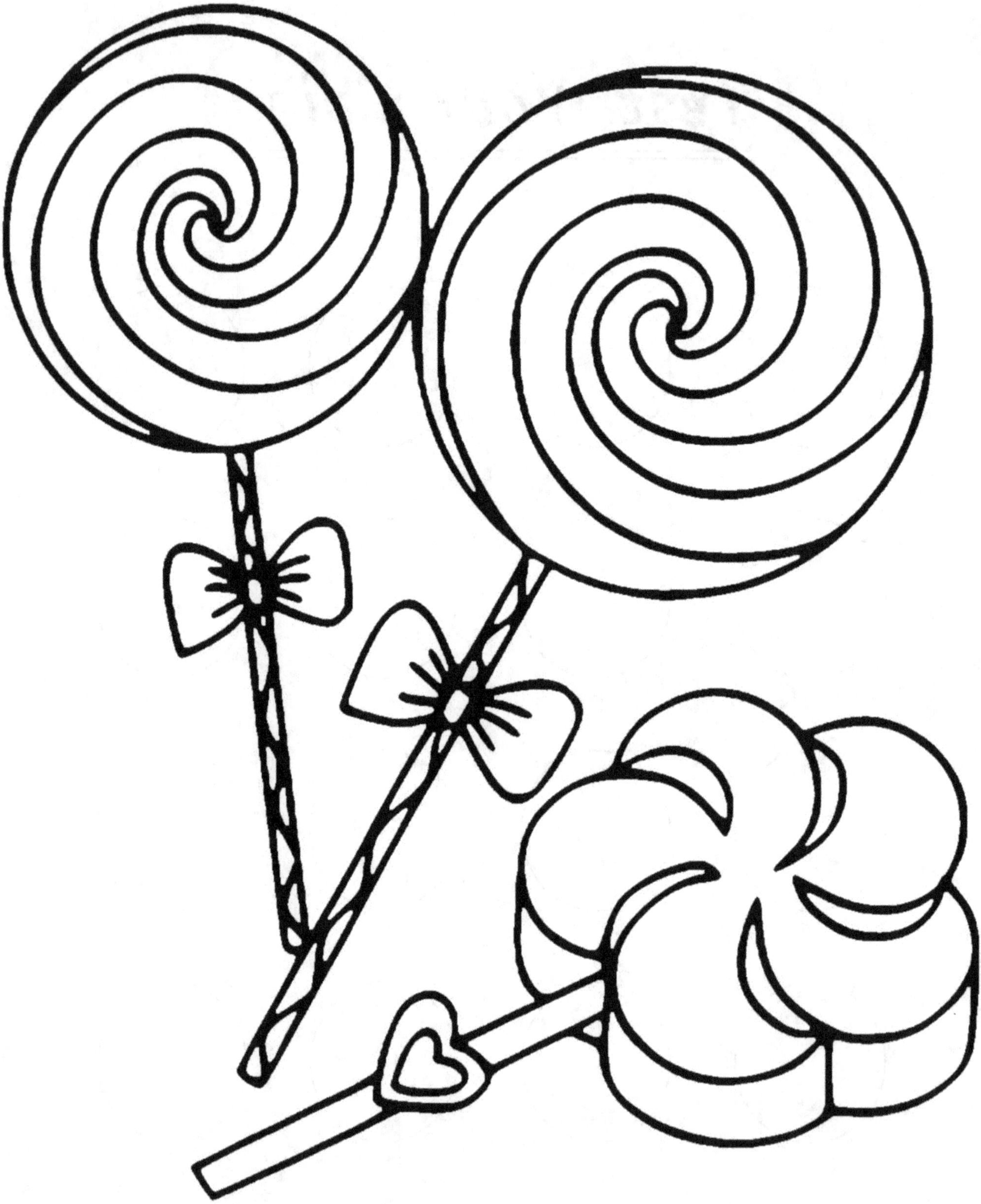

Test Your Color

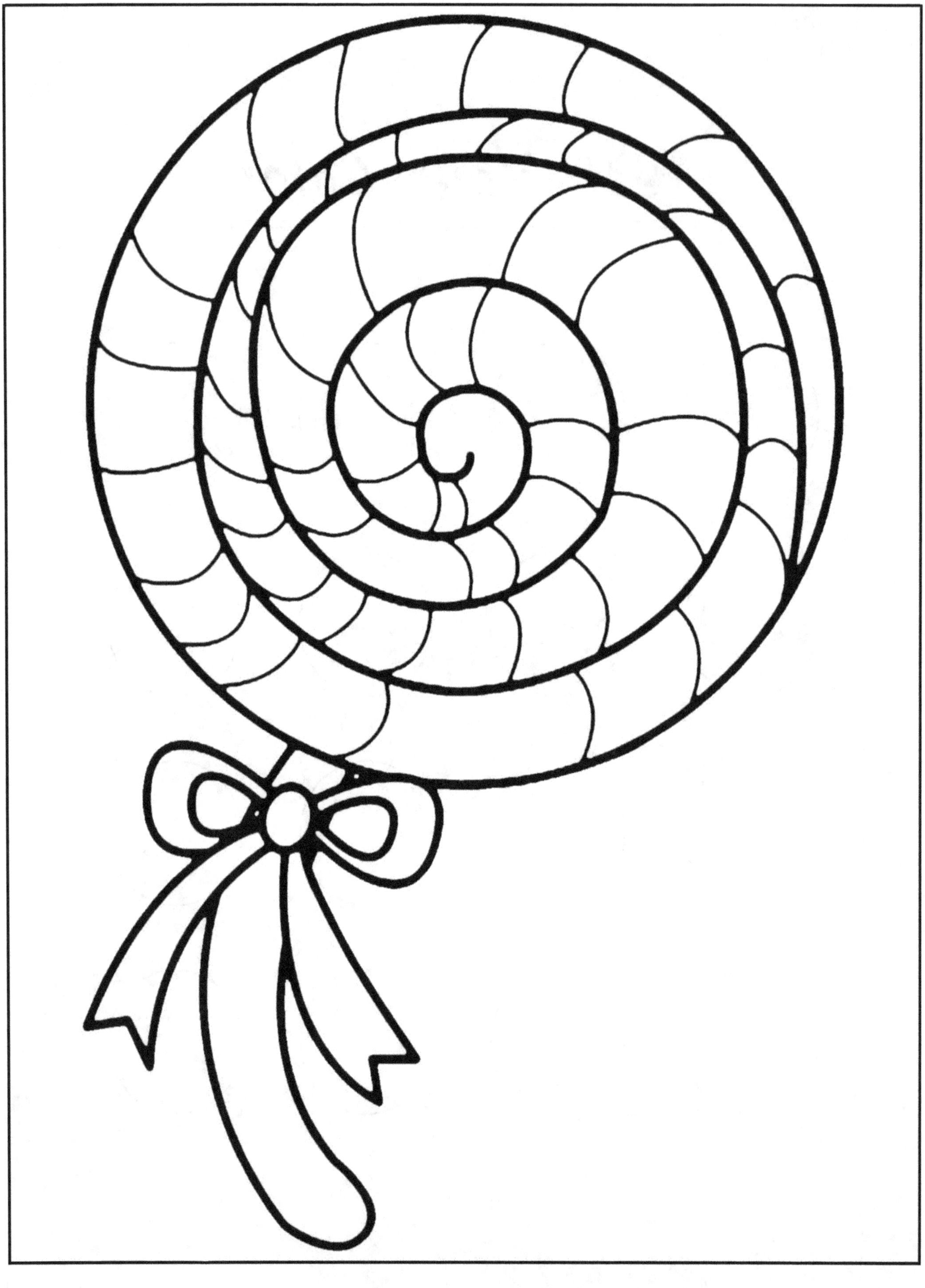

Test Your Color

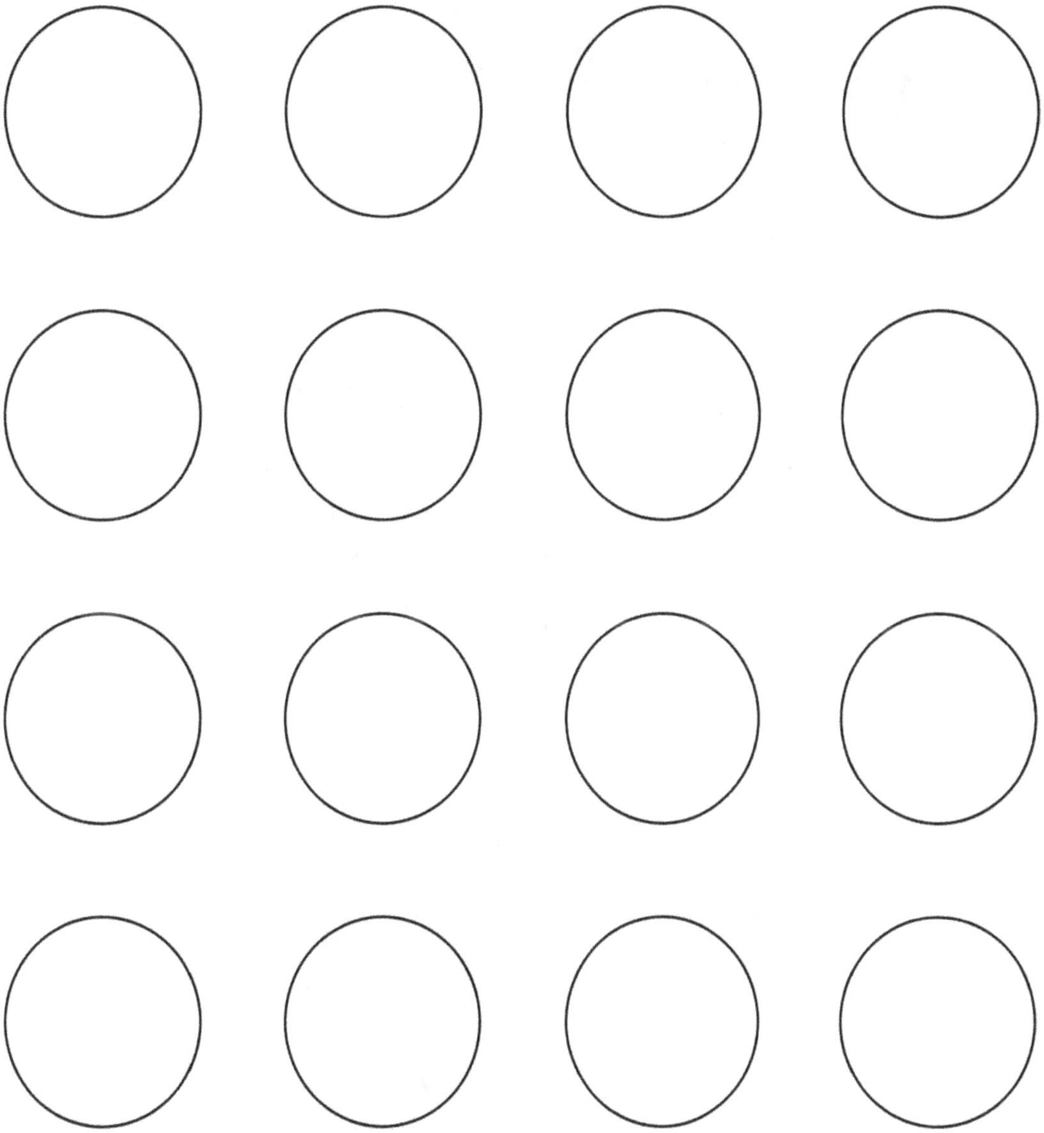

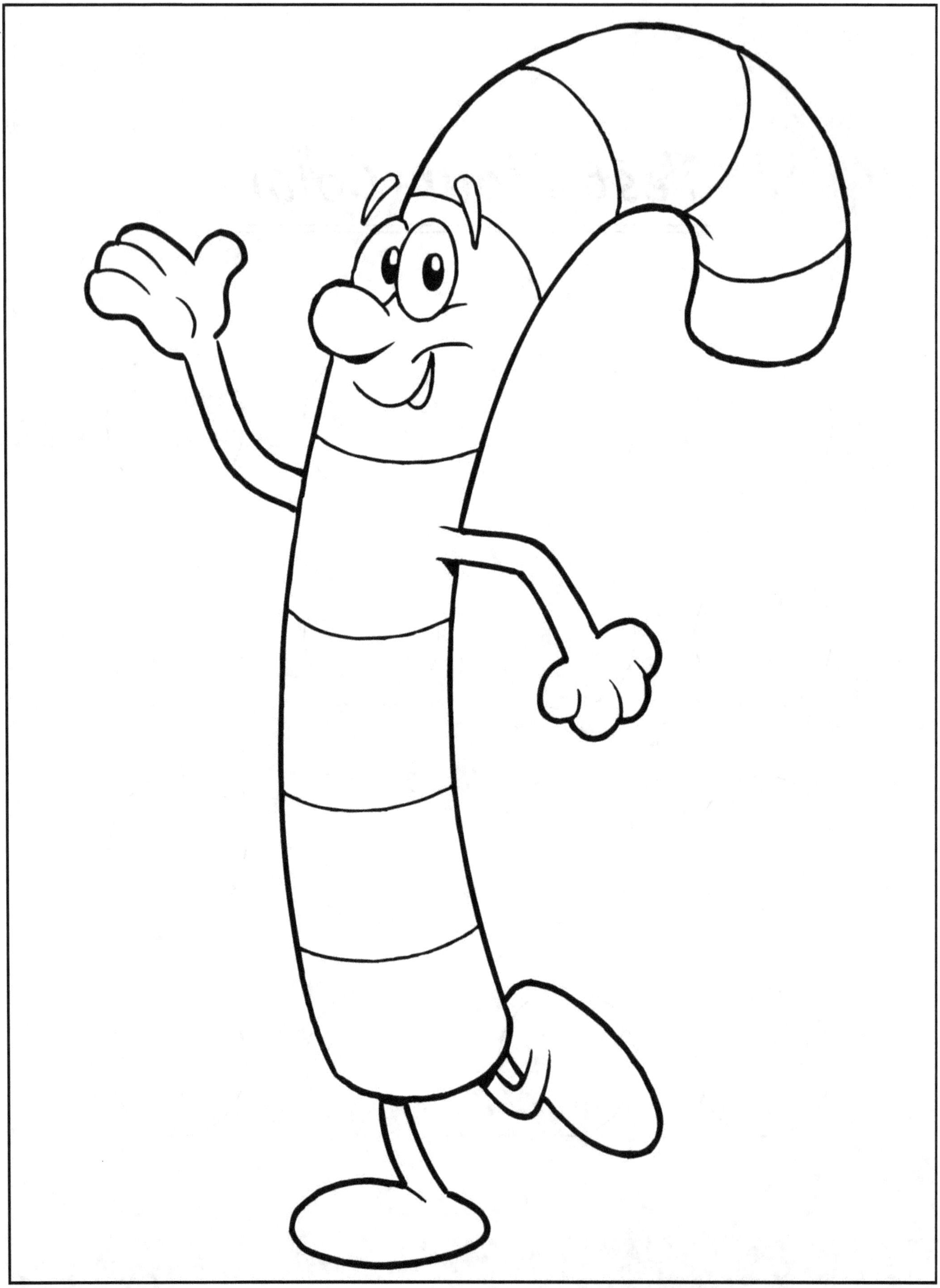

Test Your Color

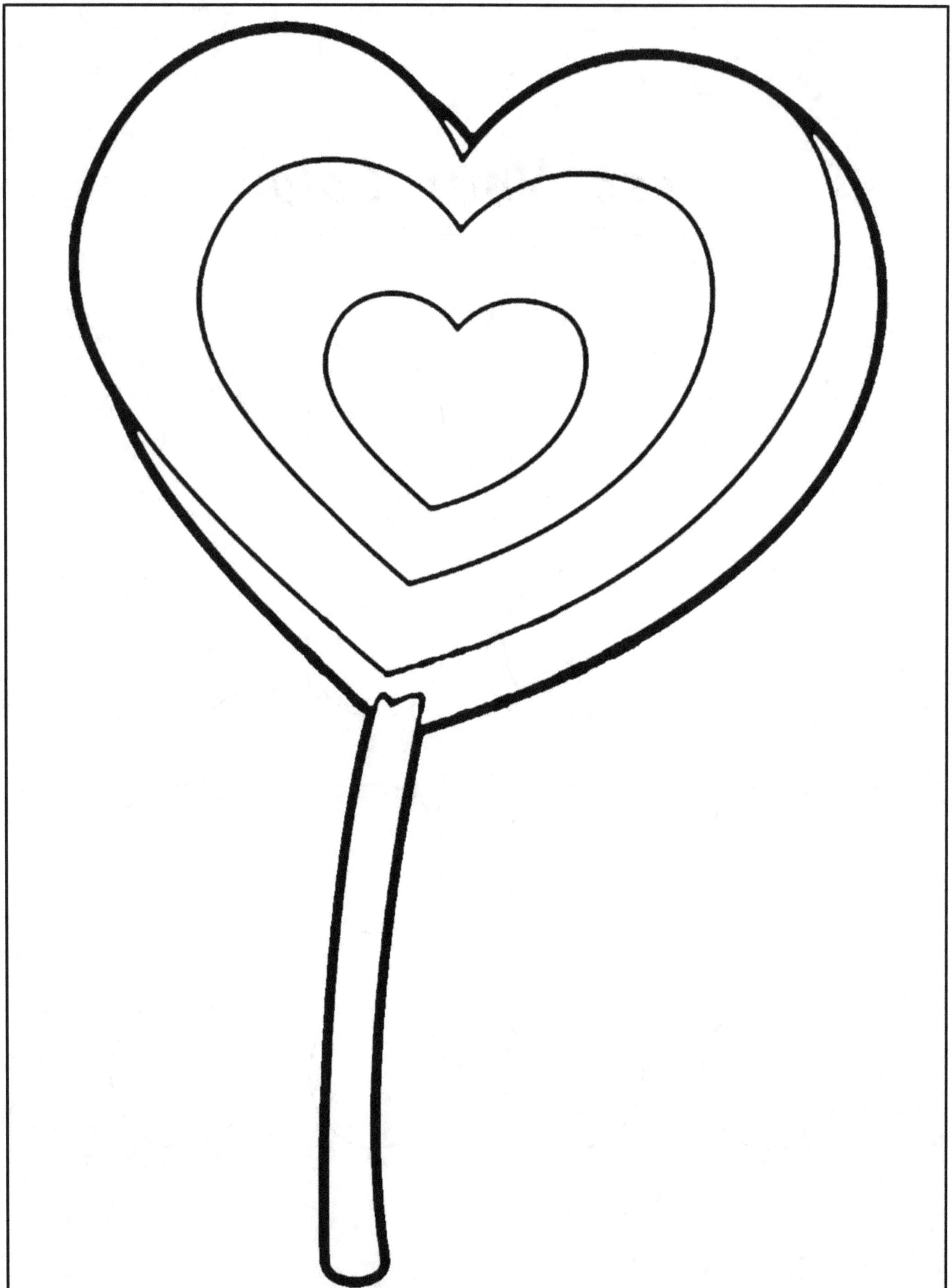

Test Your Color

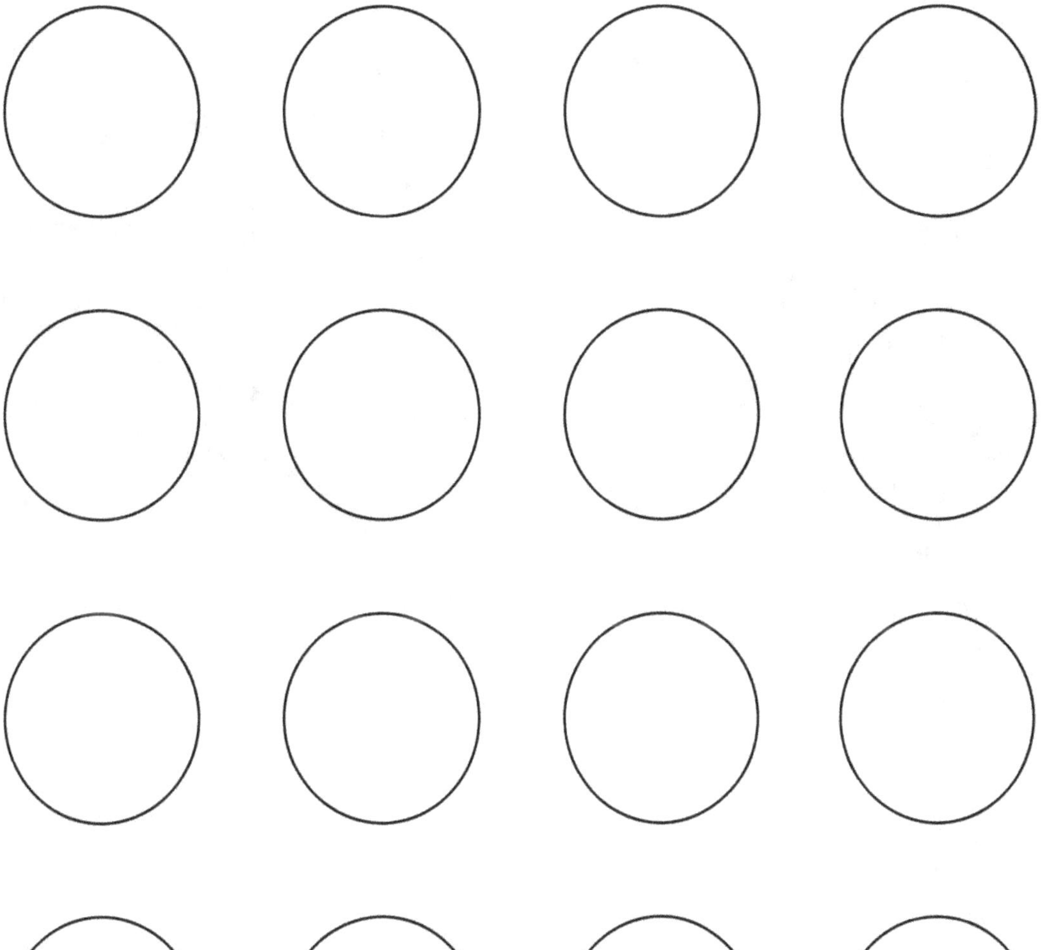

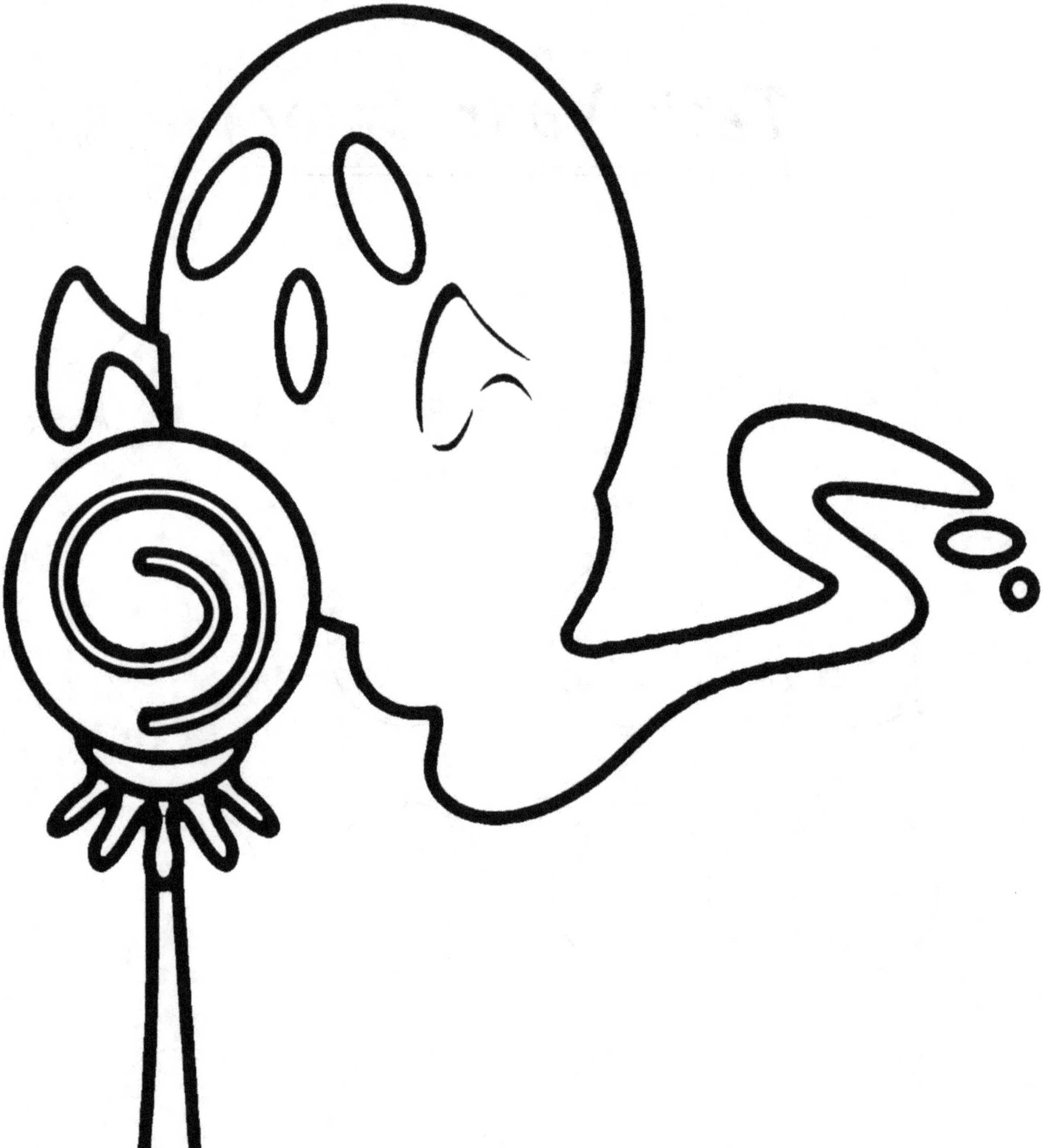

Test Your Color

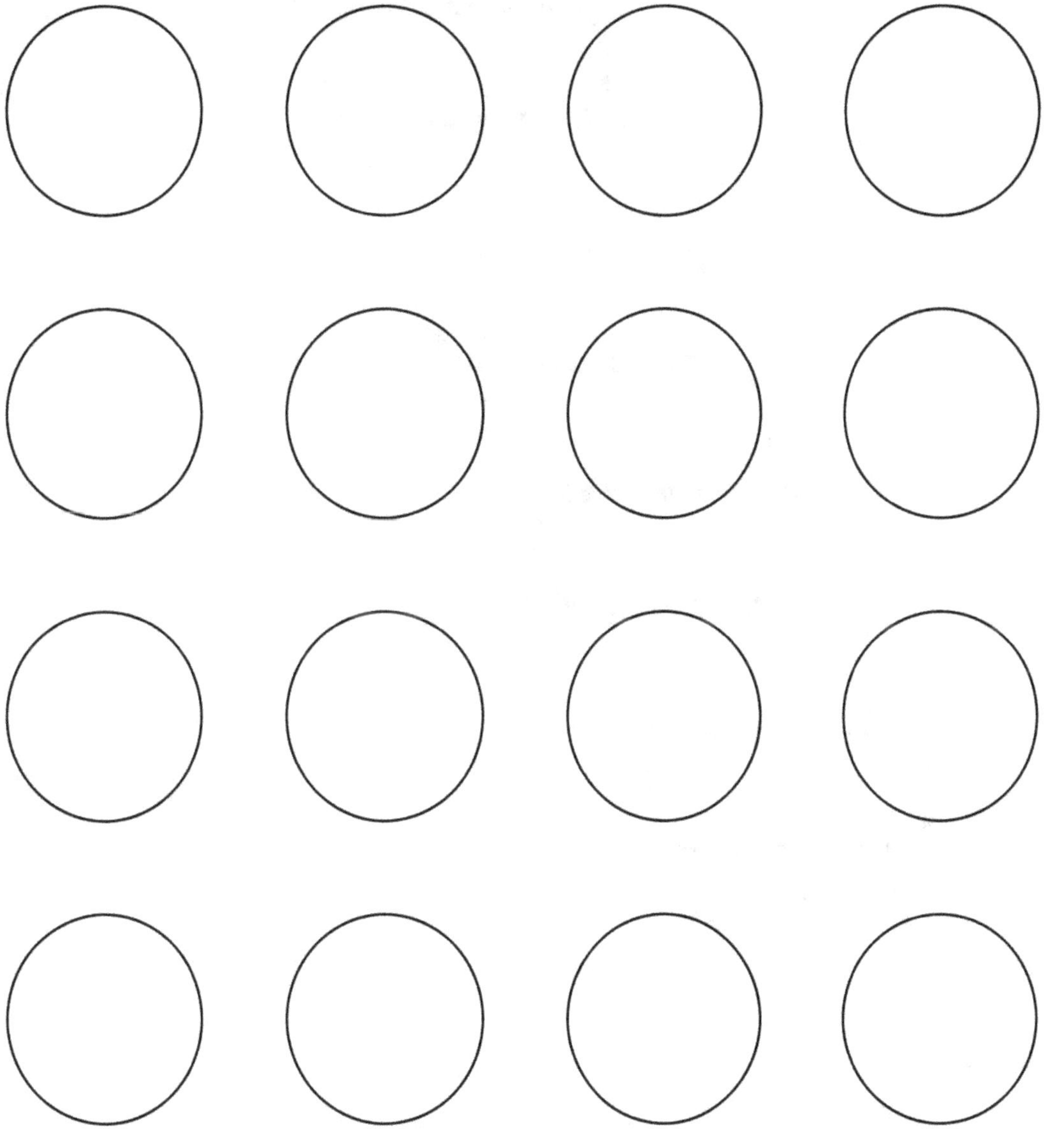

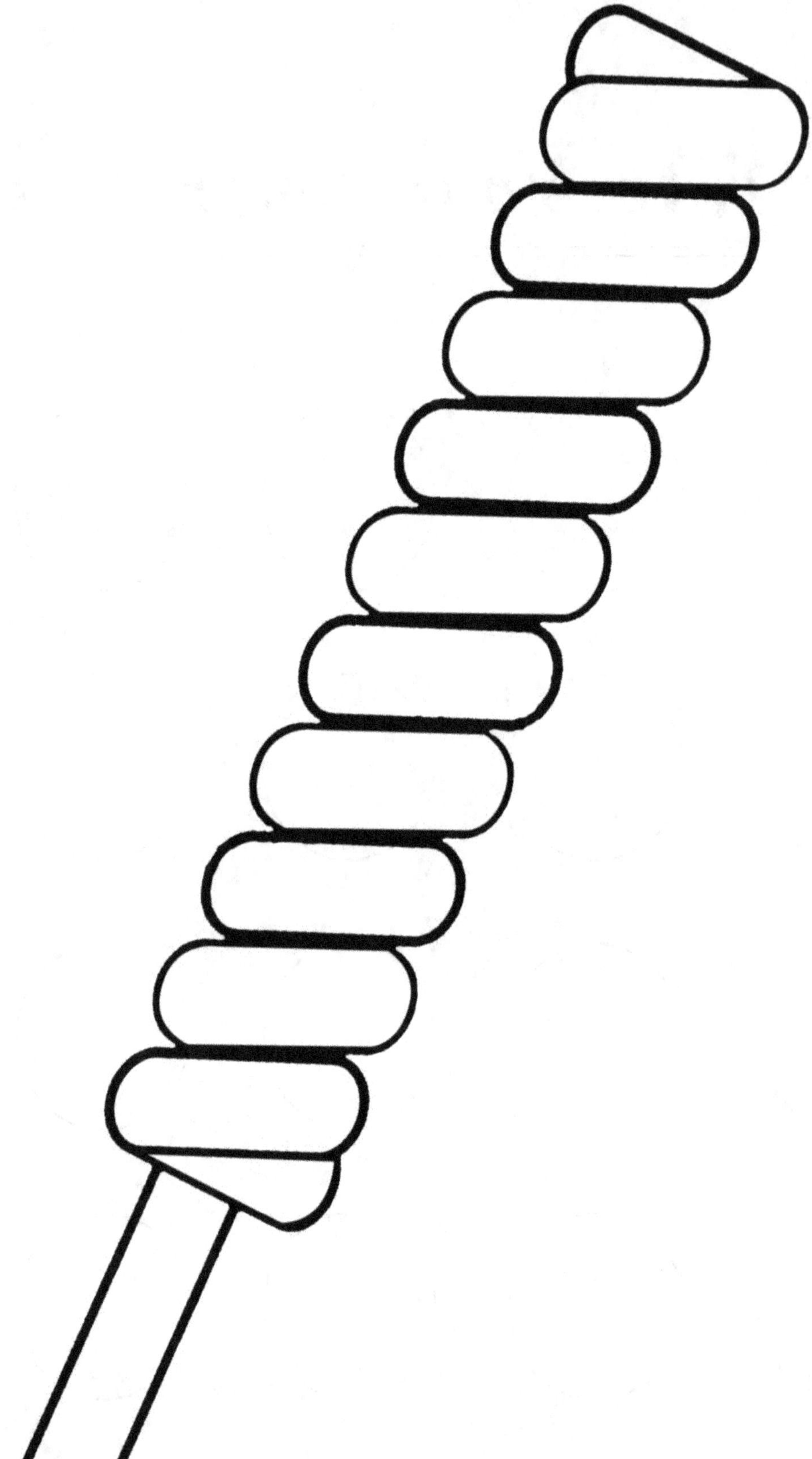

Test Your Color

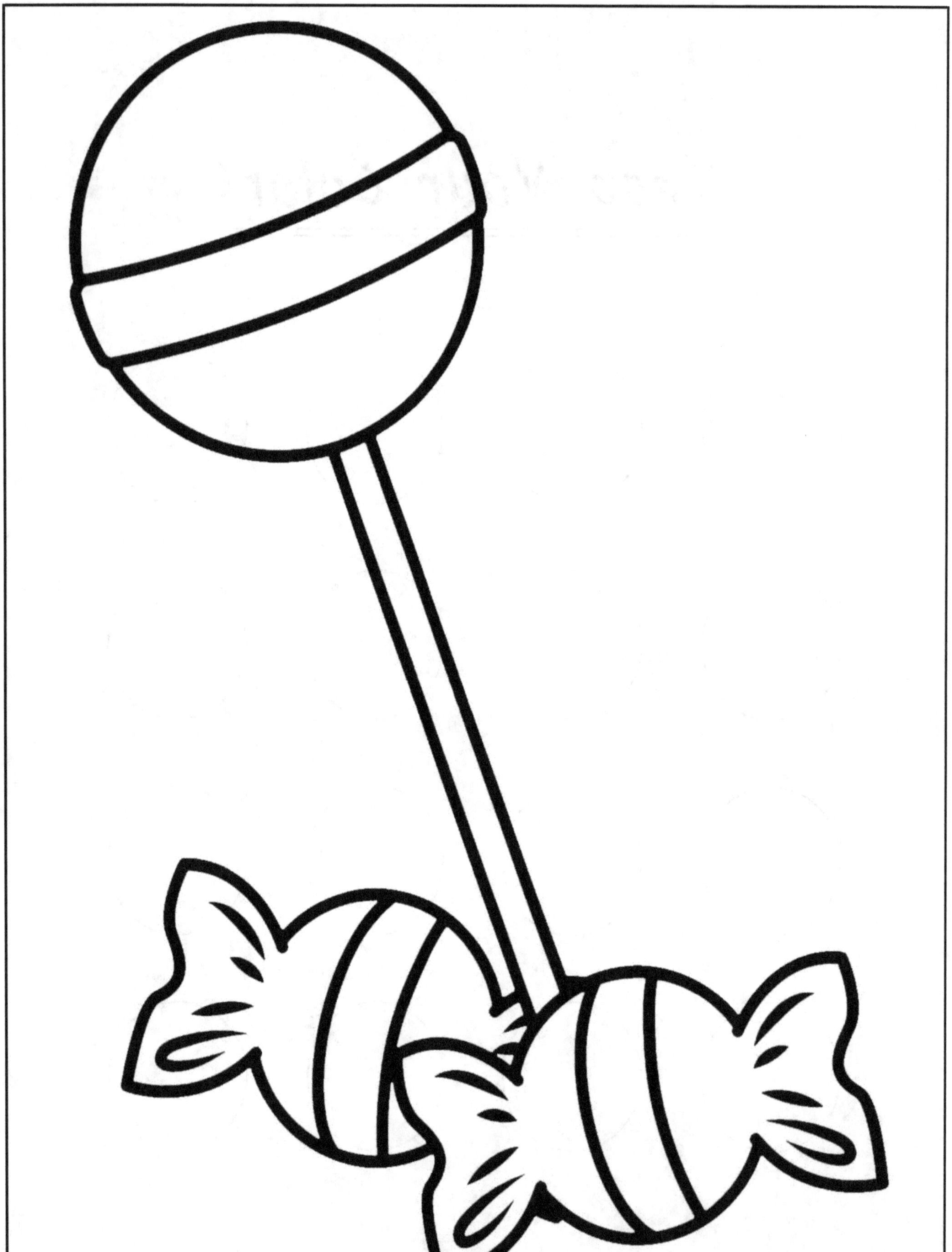

Test Your Color

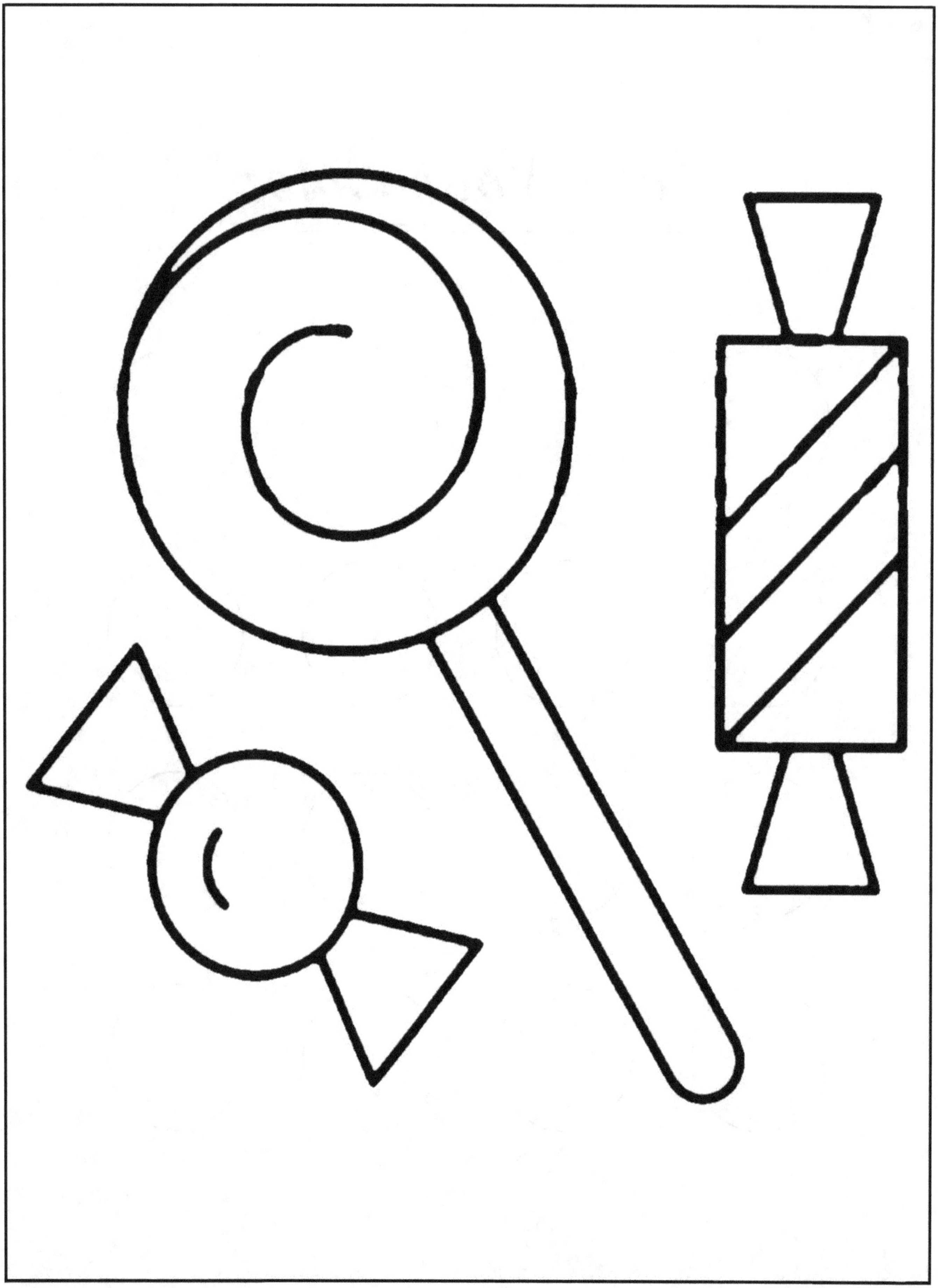

Test Your Color

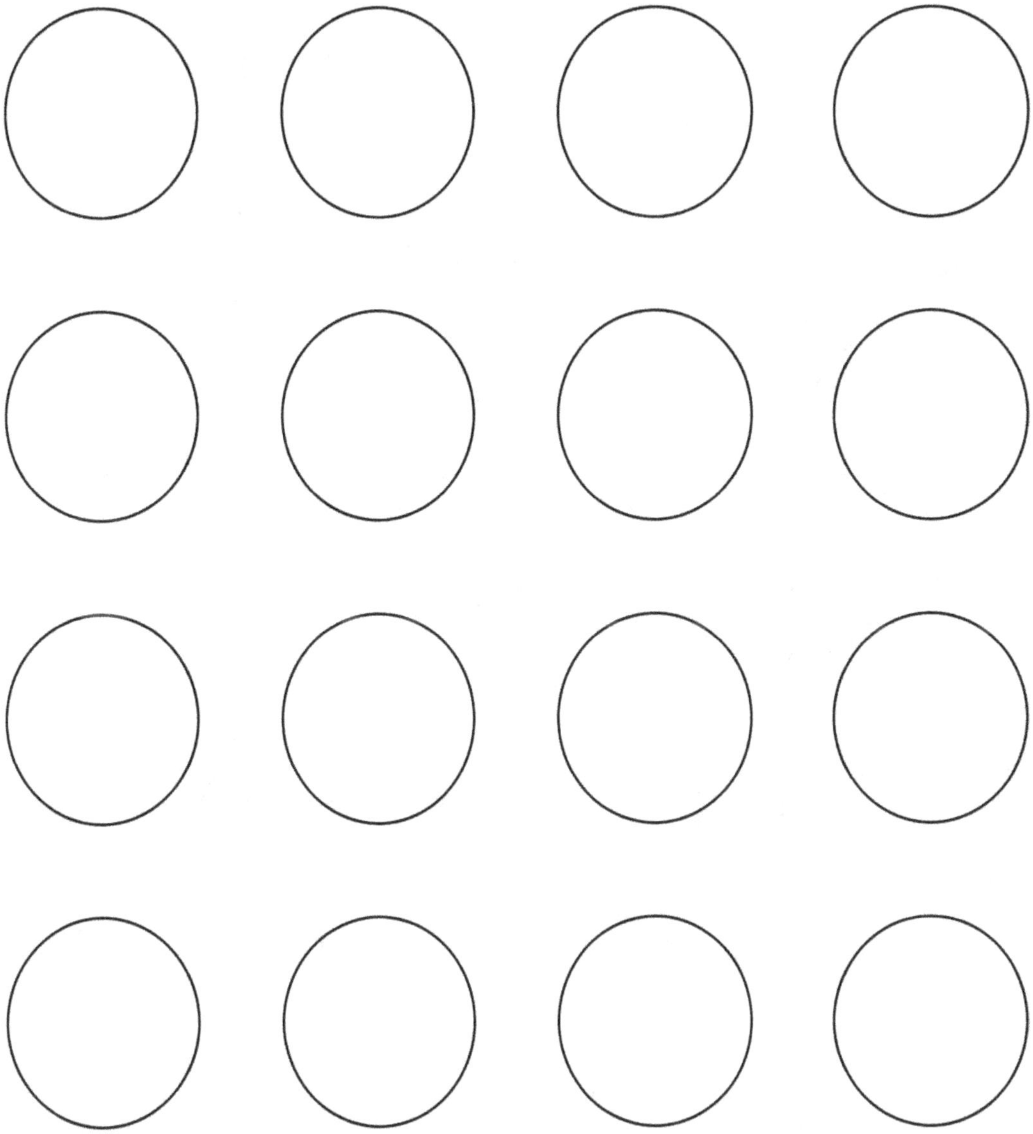

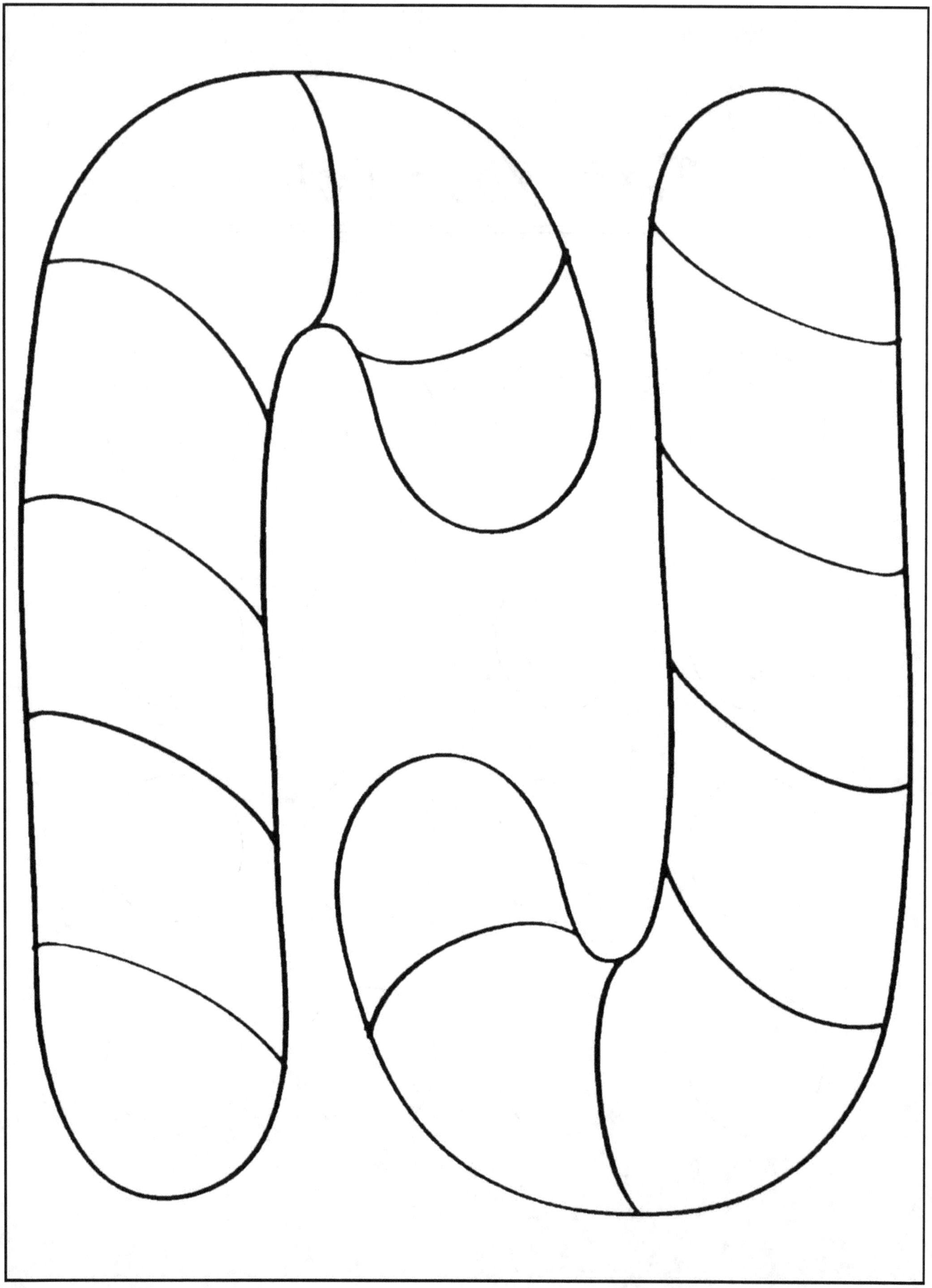

Test Your Color

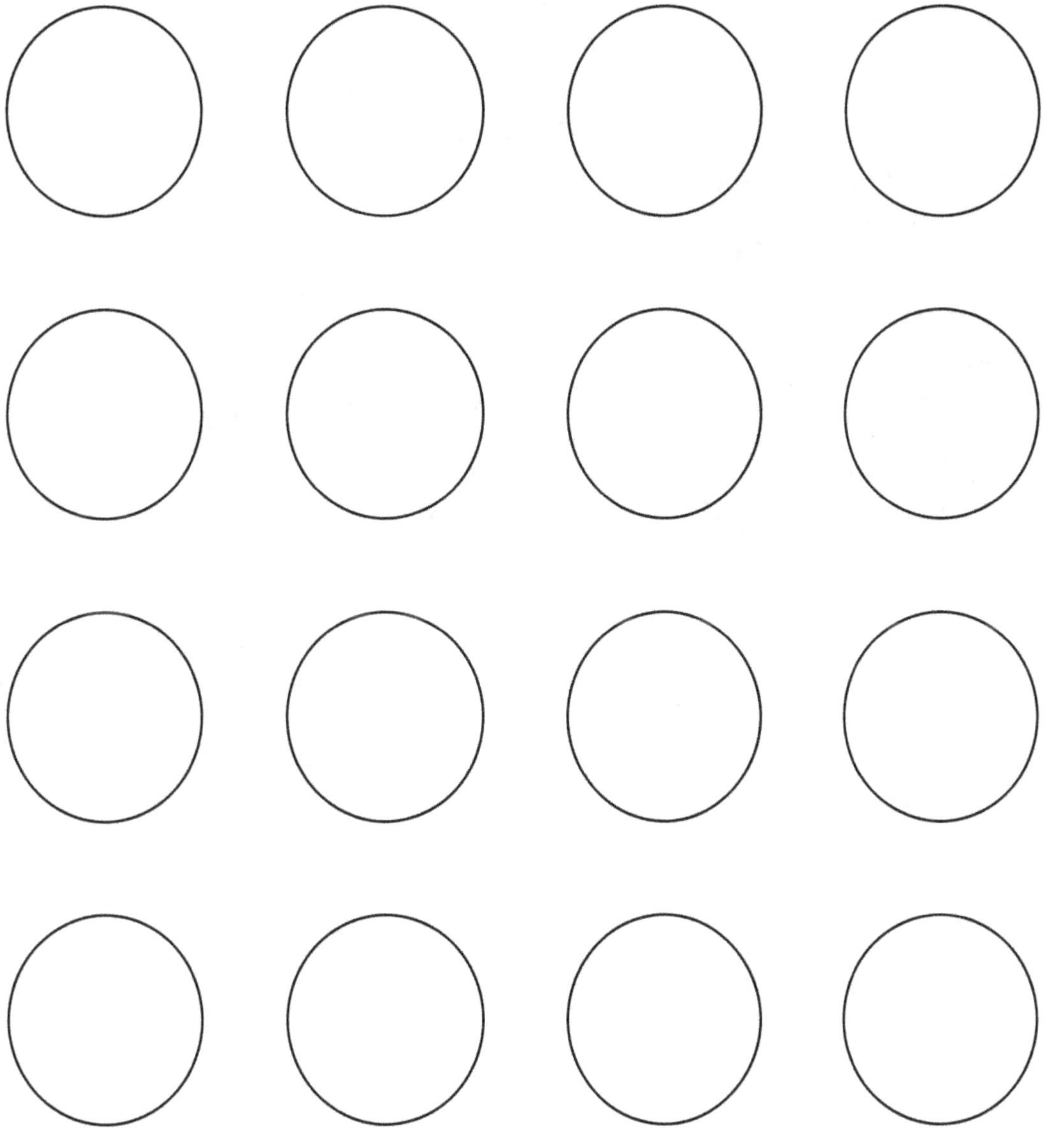

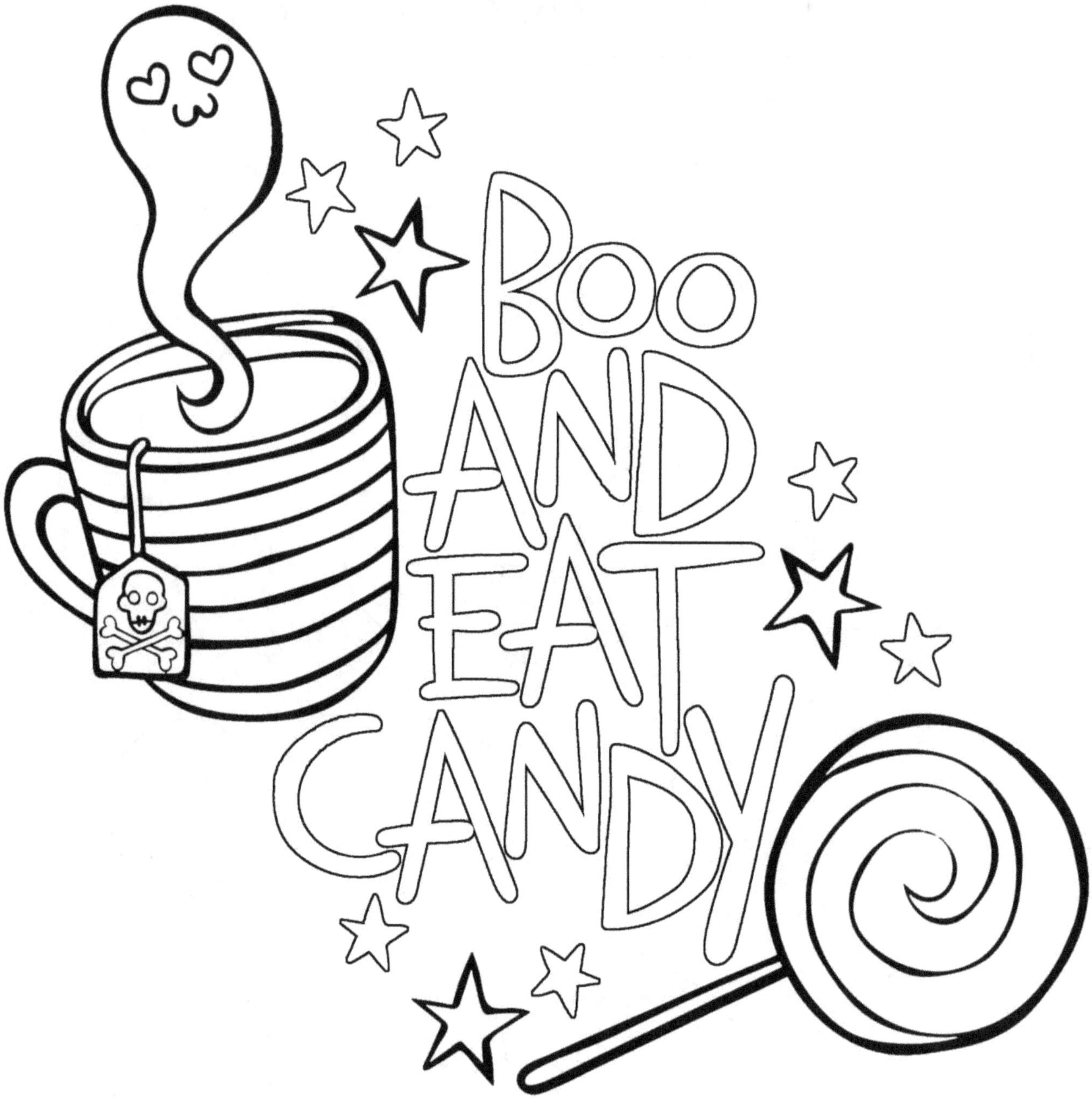
Boo
AND
EAT
CANDY

Test Your Color

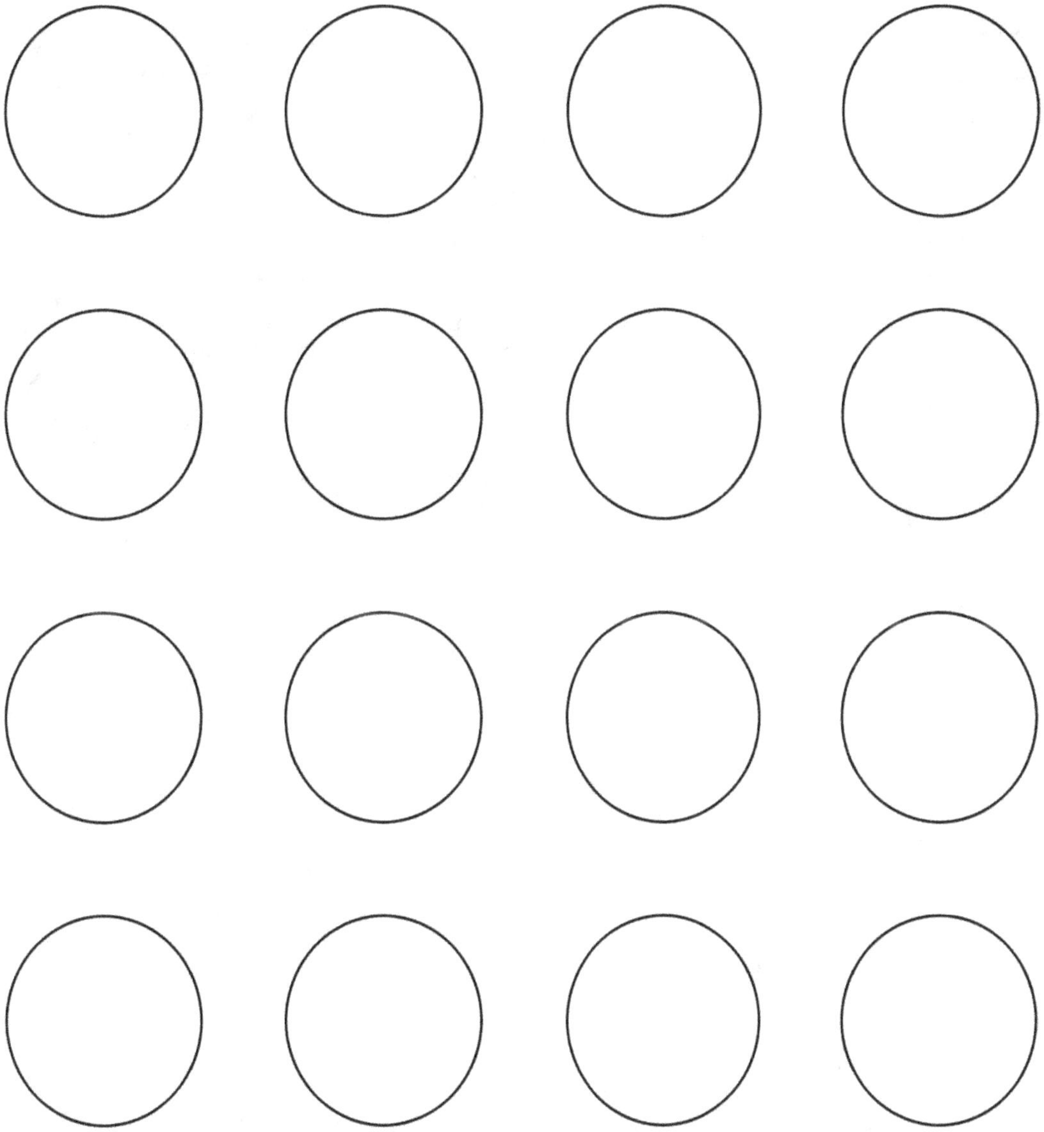

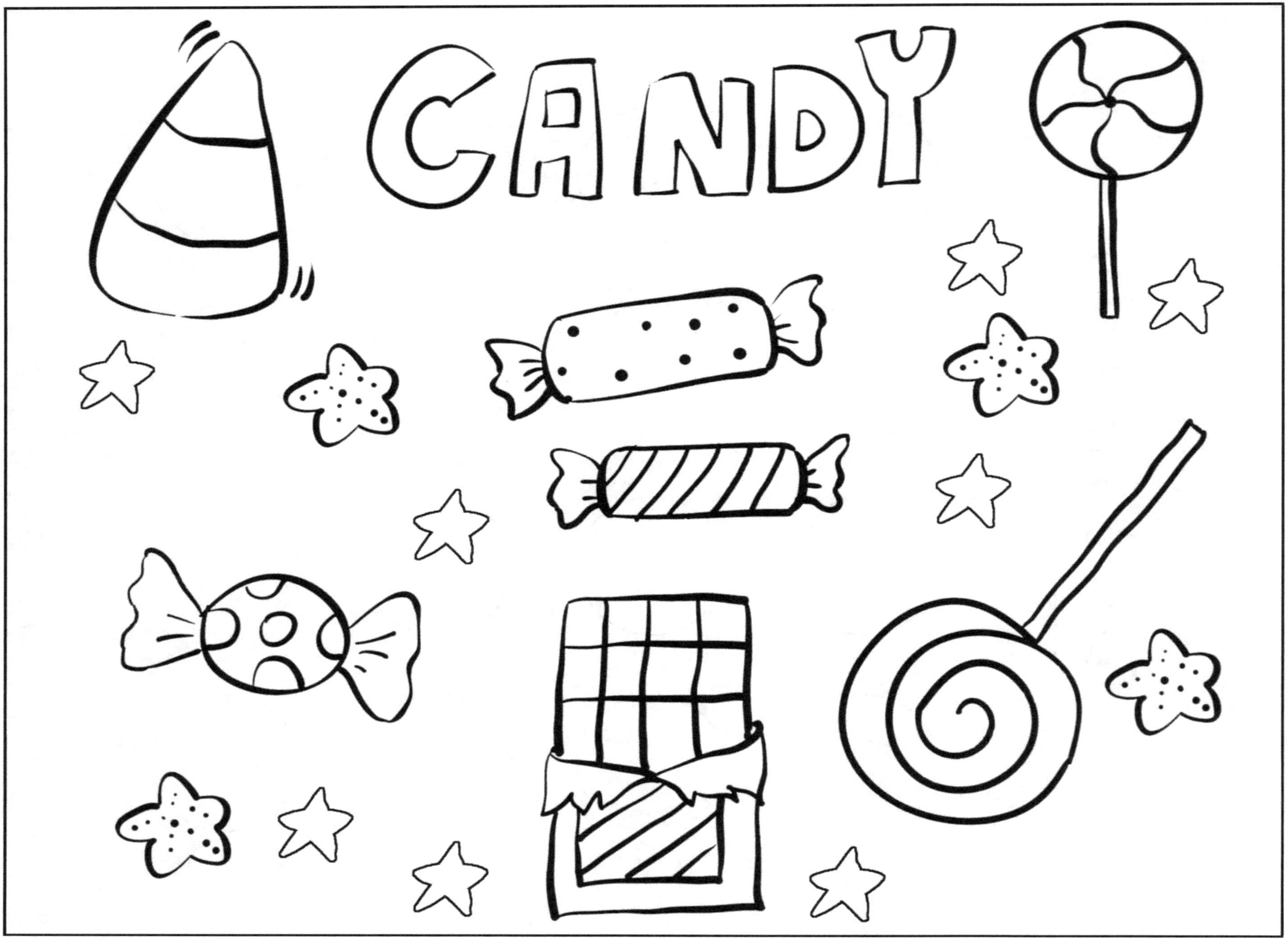
CANDY

Test Your Color

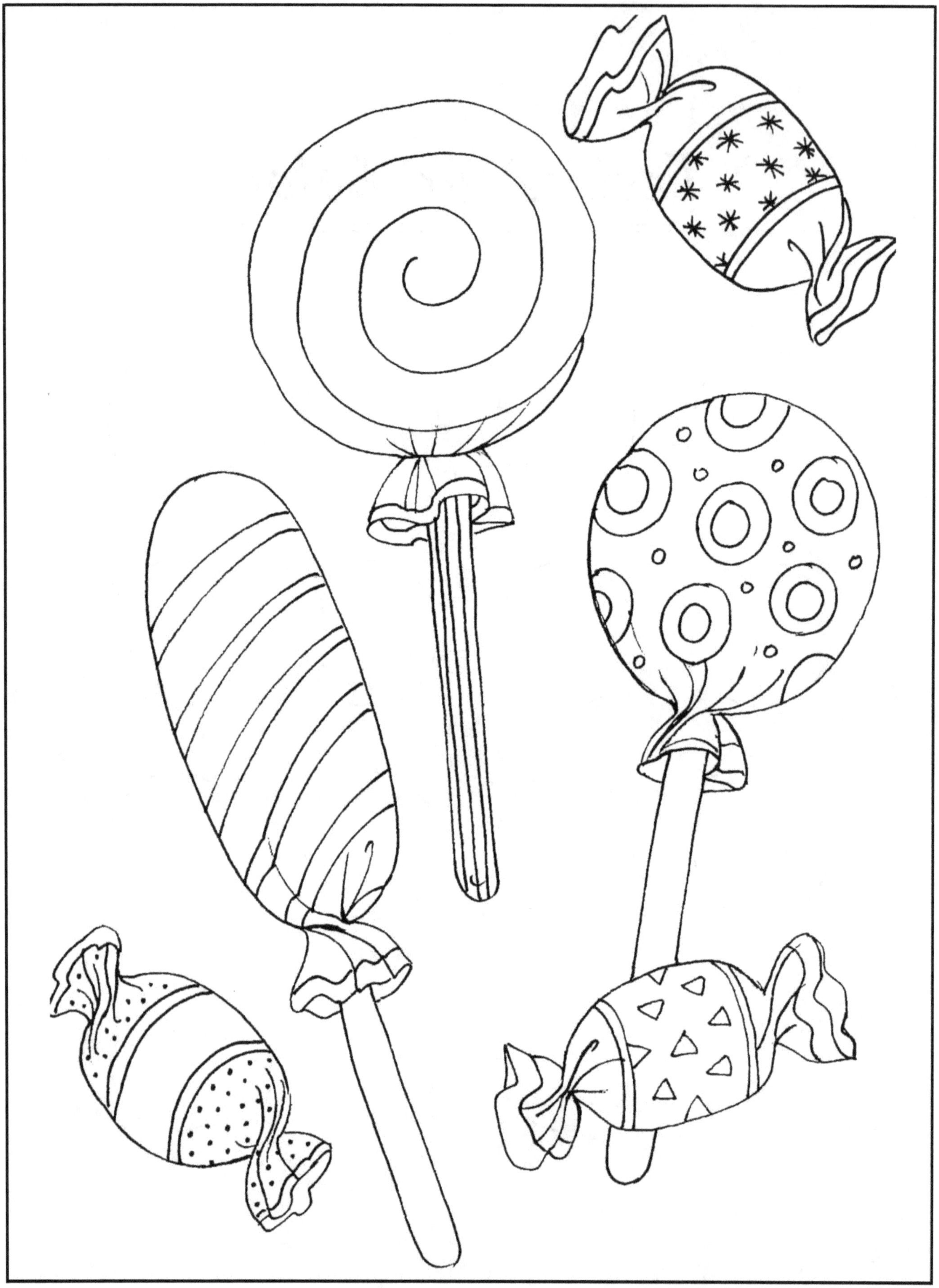

Test Your Color

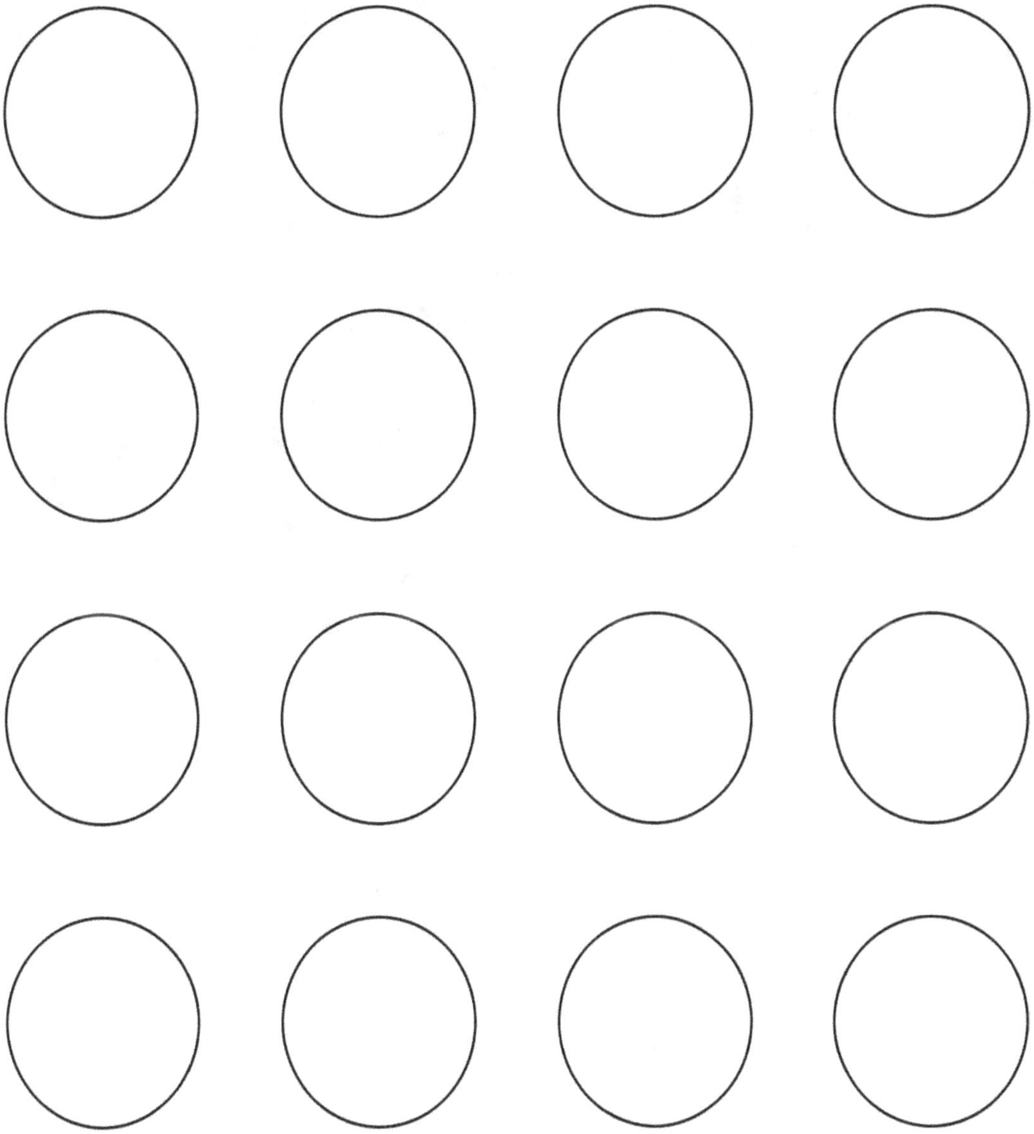

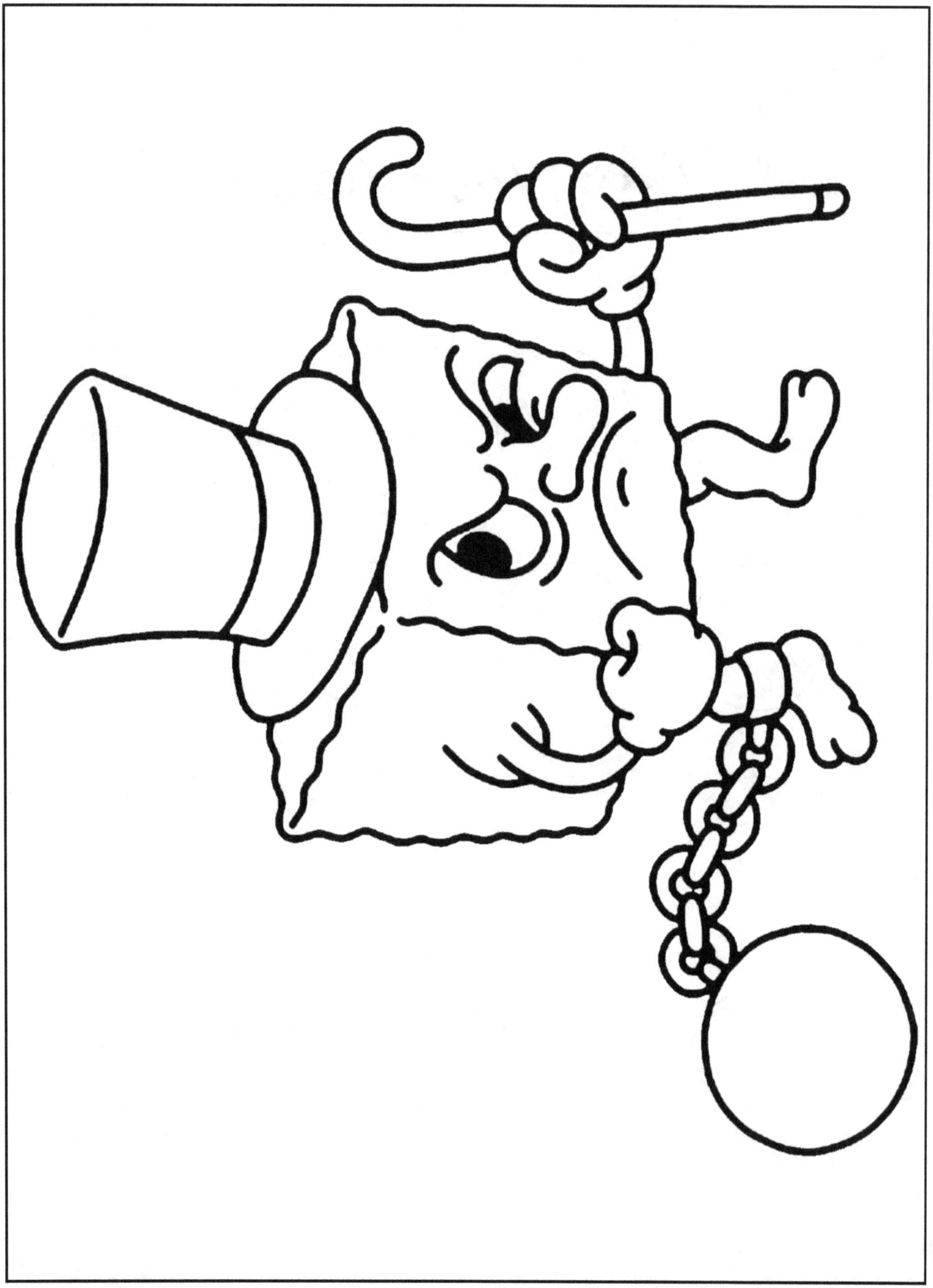

Test Your Color

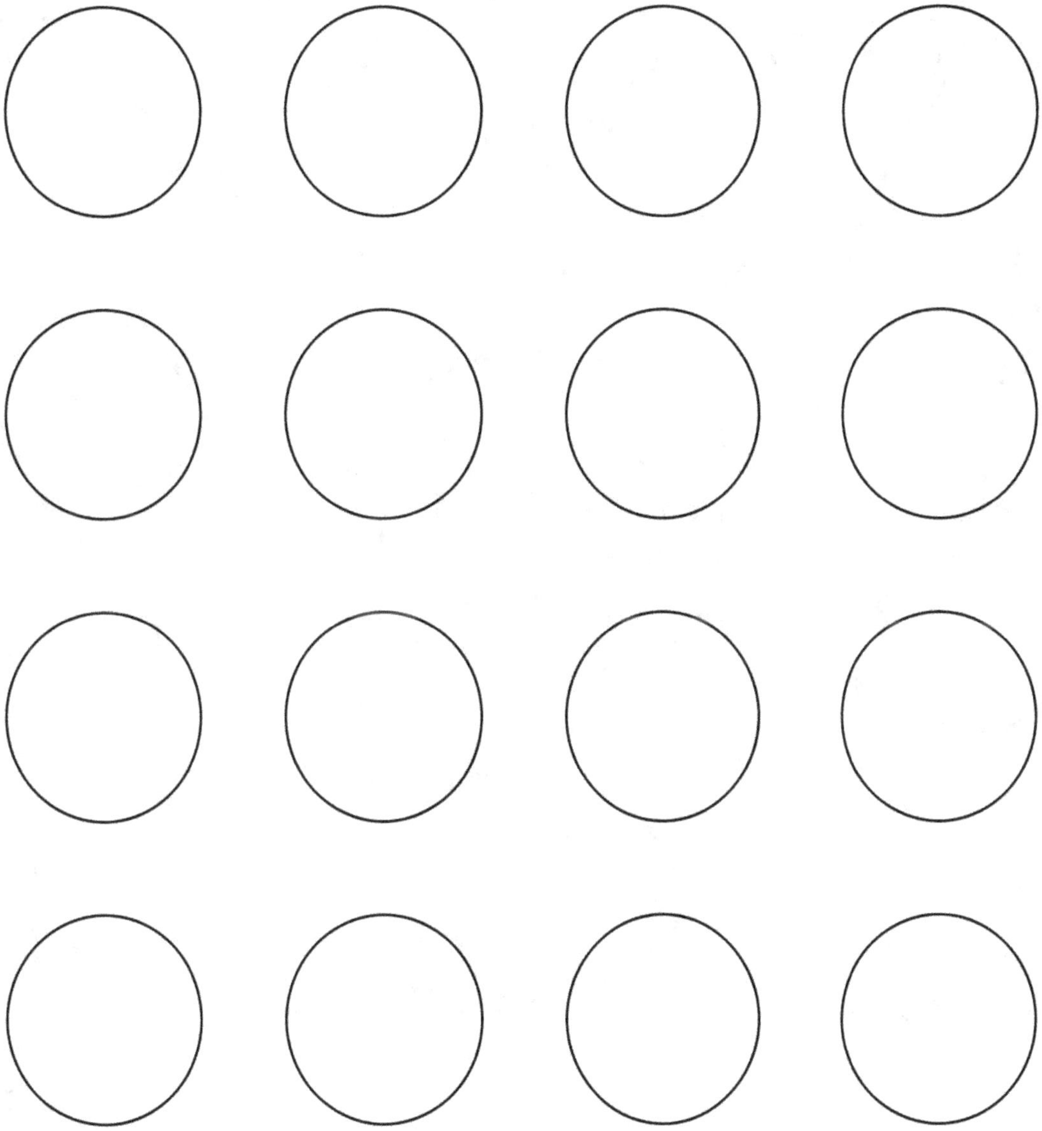

Gum
Candy

Test Your Color

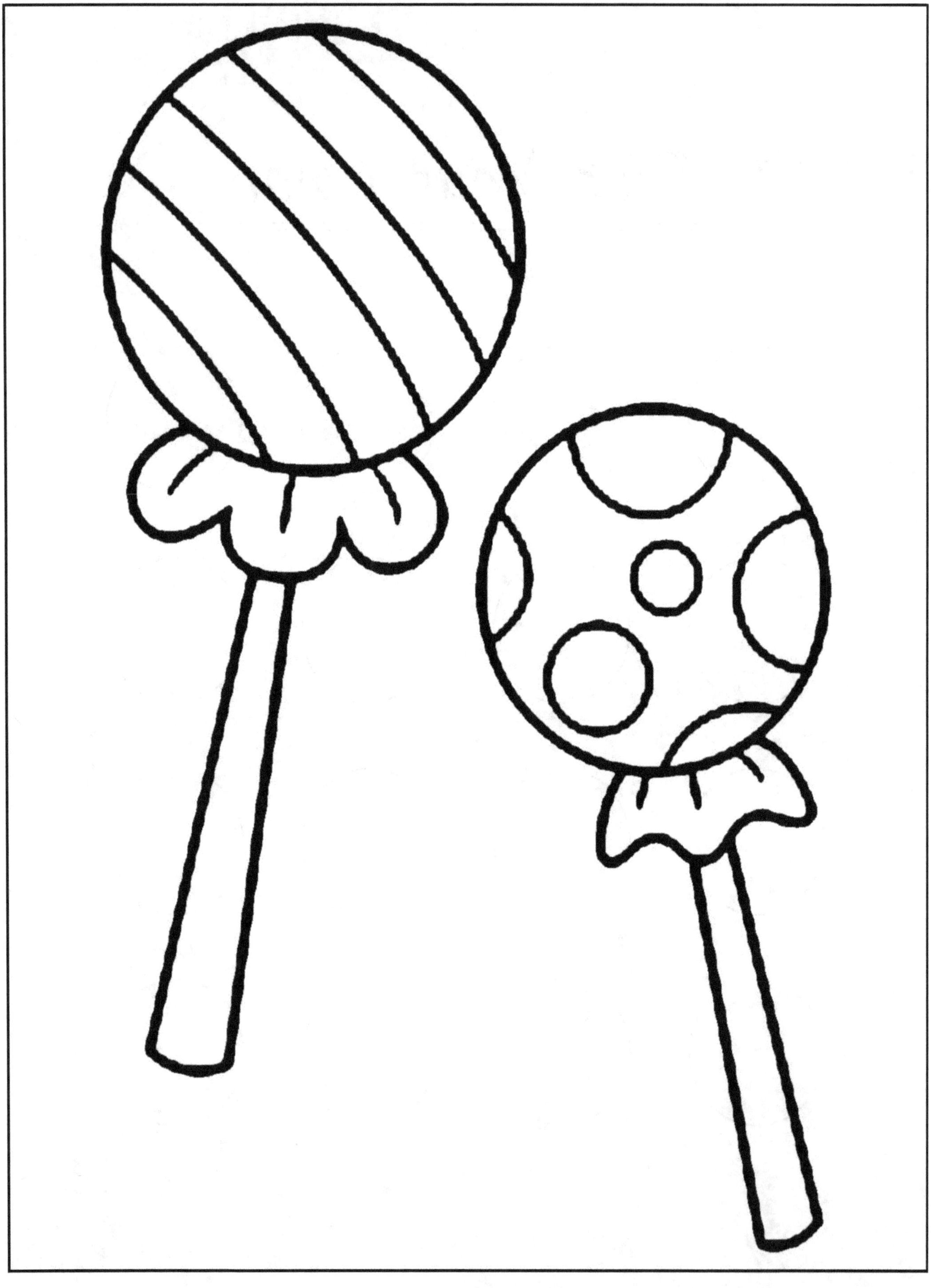

Test Your Color

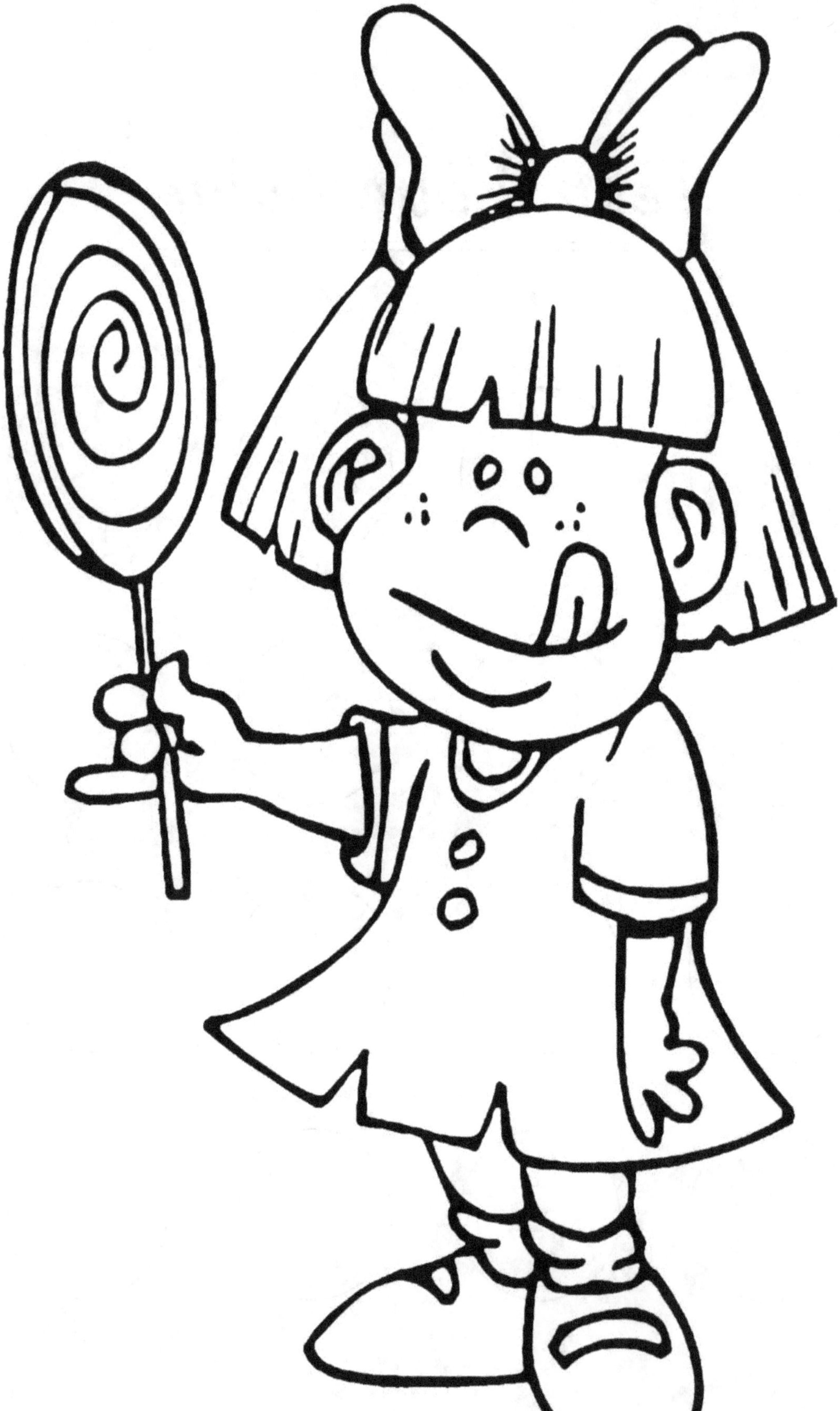

Test Your Color

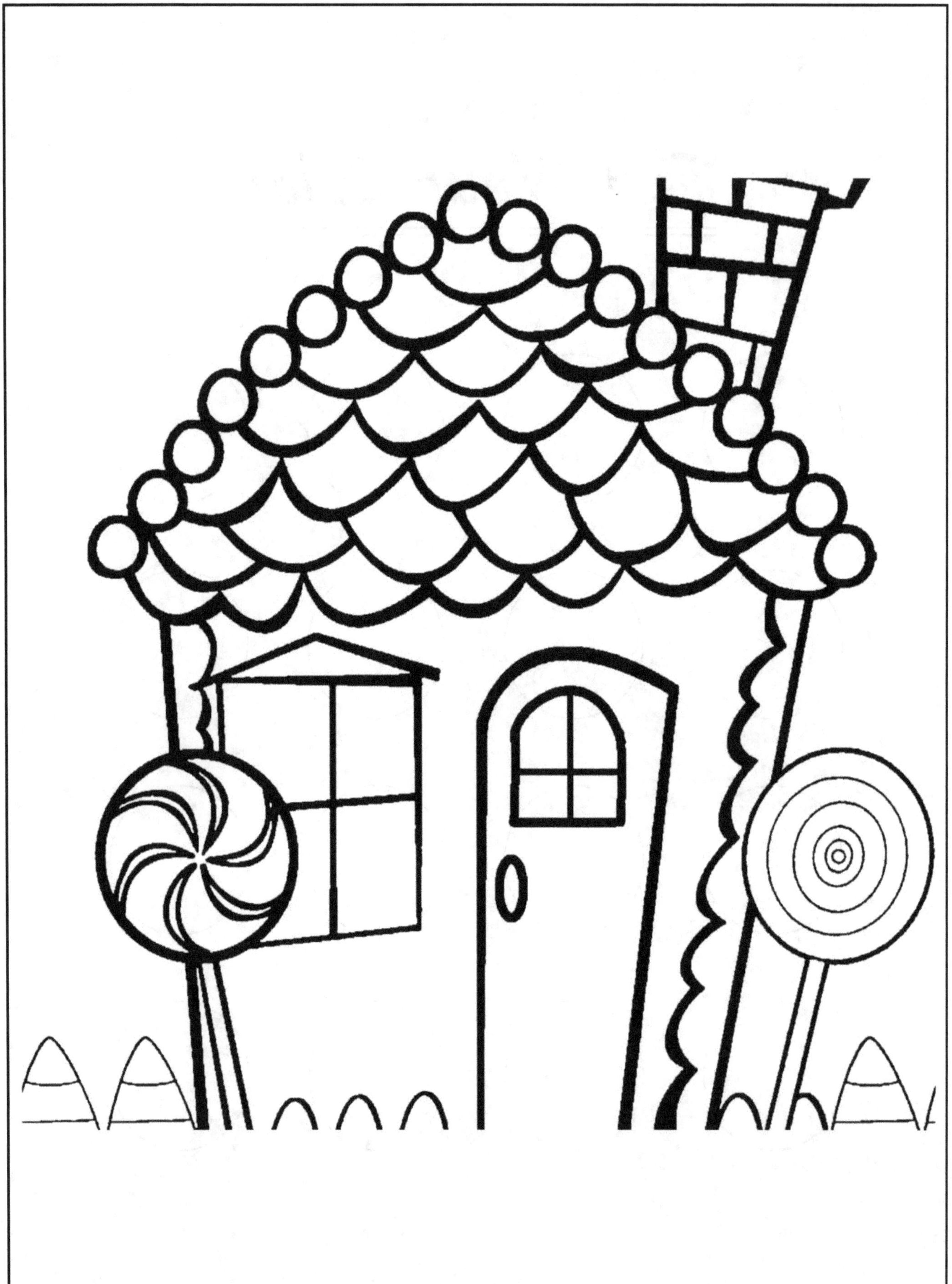

Test Your Color

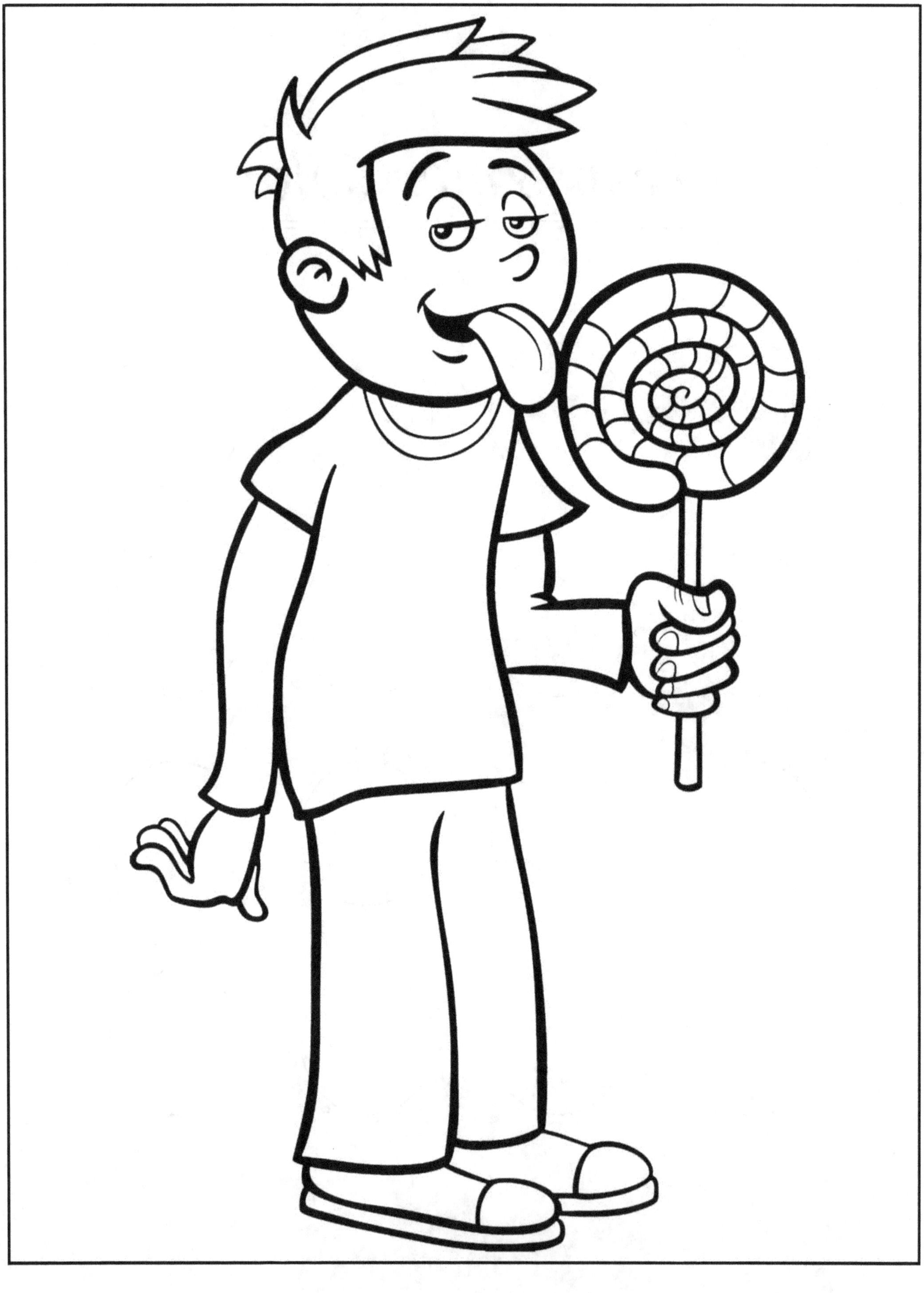

Test Your Color

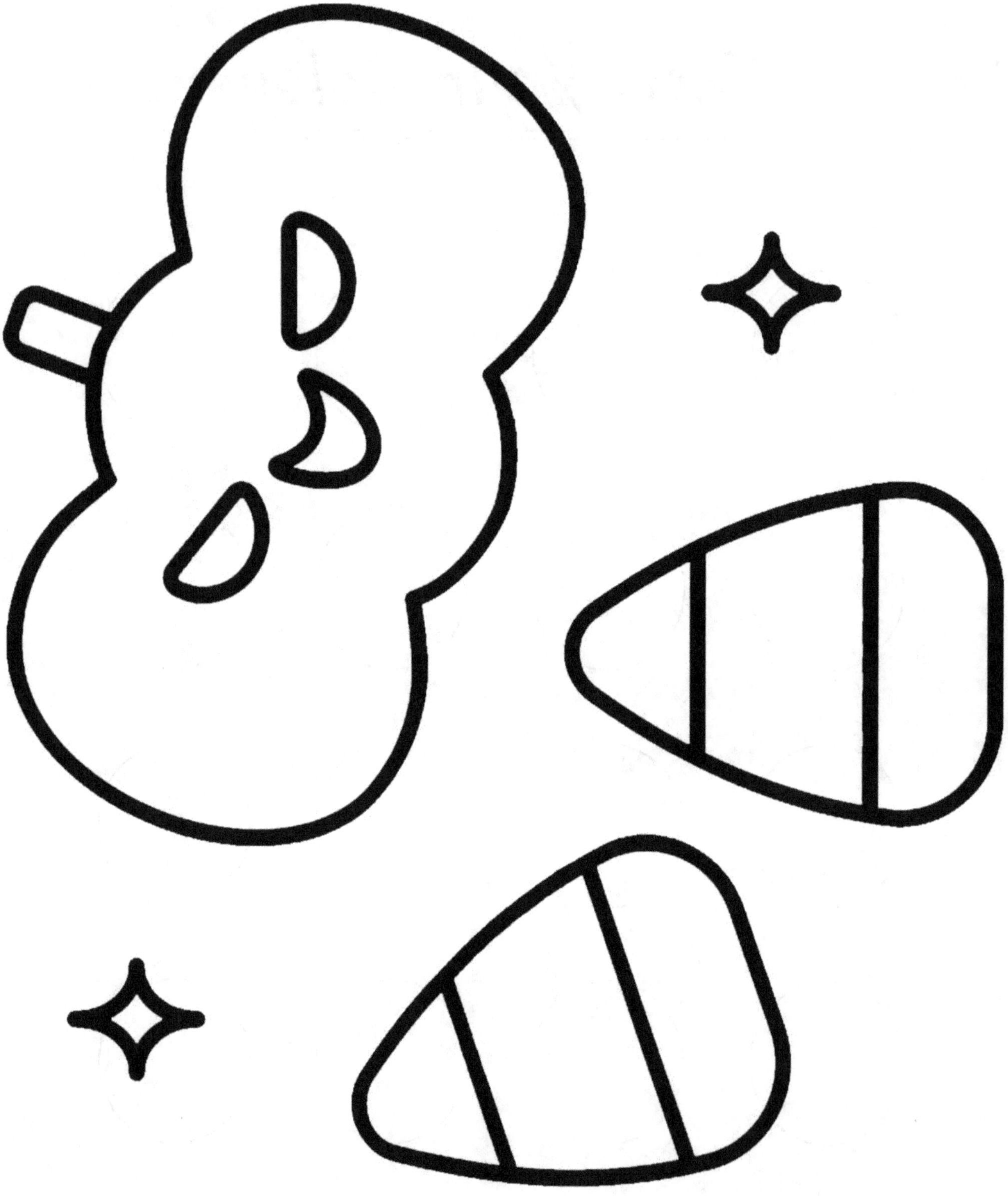

Test Your Color

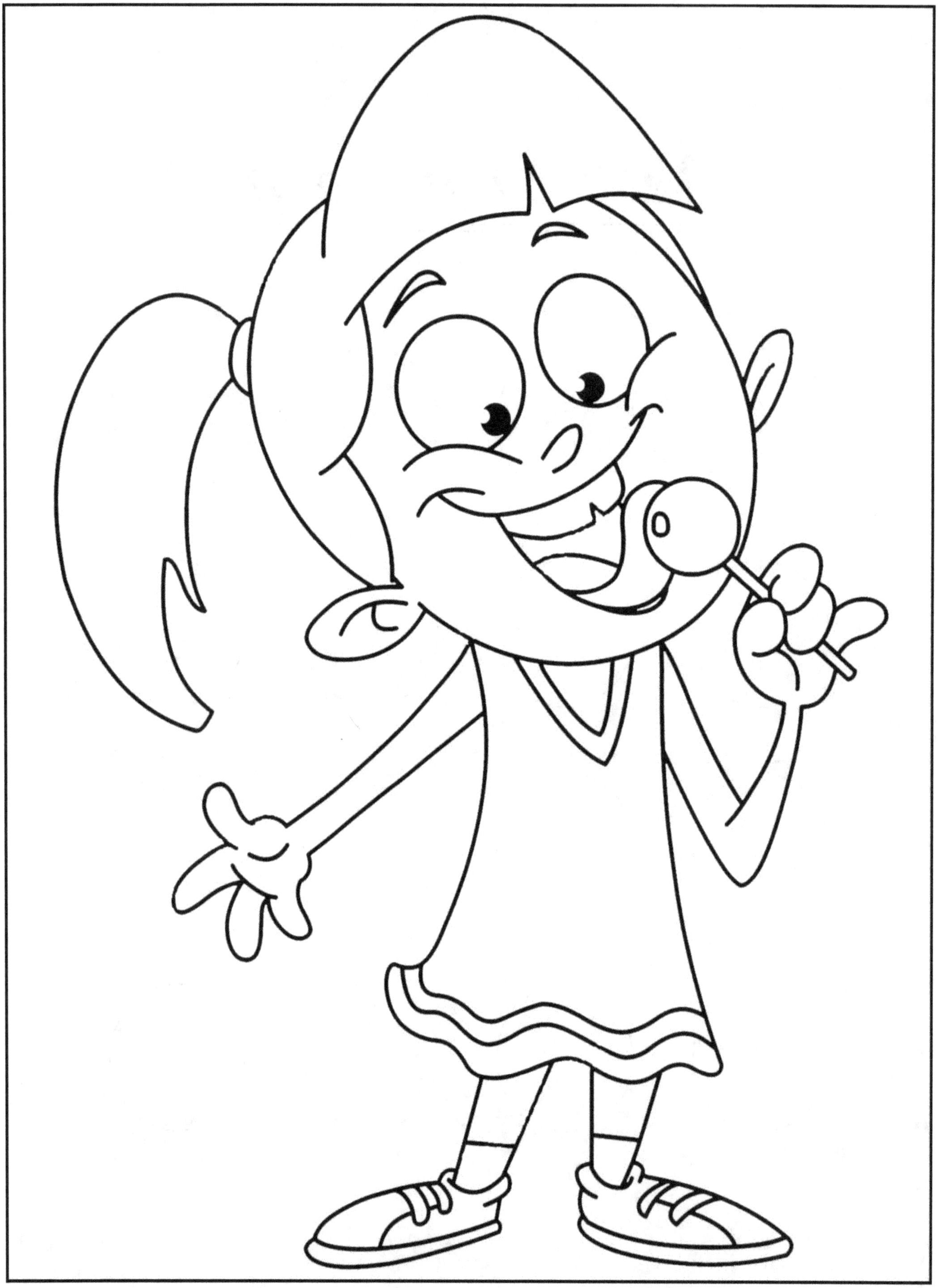

Test Your Color

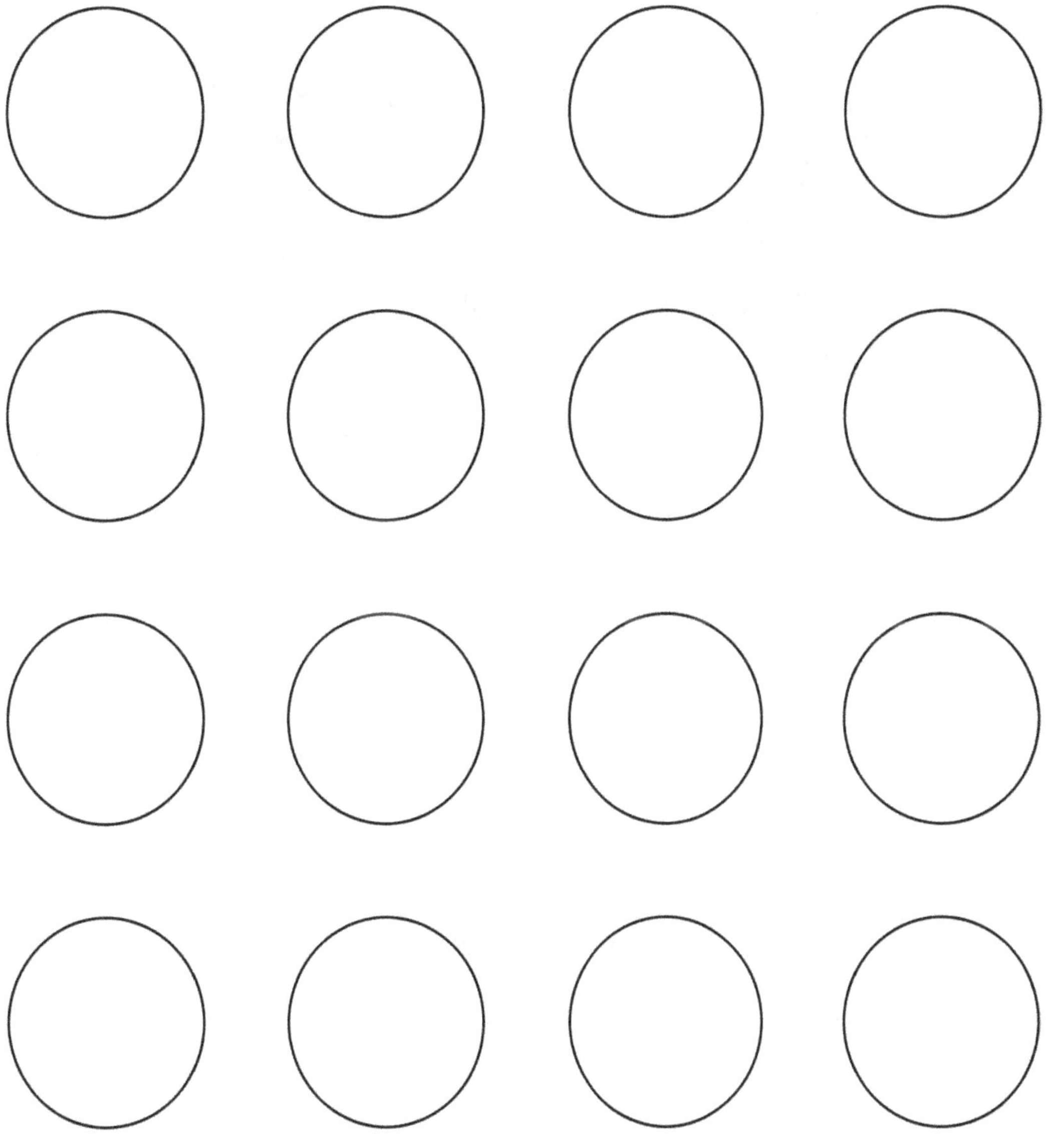

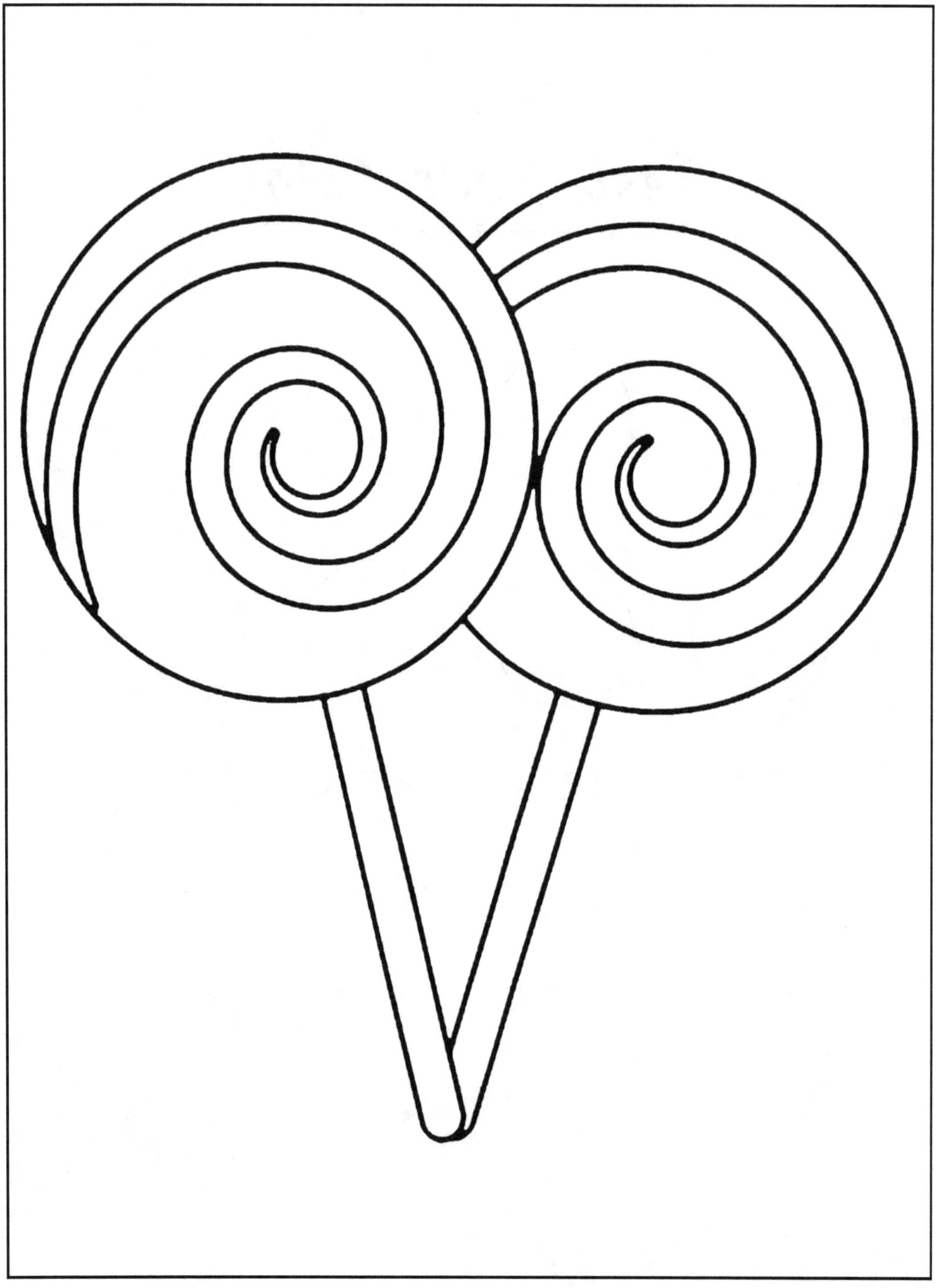

www.ingramcontent.com/pod-product-compliance
Lightning Source LLC
Chambersburg PA
CBHW080847220526
45467CB00008B/2420

* 9 7 9 8 6 8 4 9 4 6 2 3 3 *